L'enigmatique Tractatus de Herbis

L'enigmatique Tractatus de Herbis

L'HISTOIRE DE L'EXTRAORDINAIRE HERBIER MÉDICINAL DU MOYEN ÂGE

Geneviève Xhayet

Rustica éditions

L'auteur

Geneviève Xhayet est docteur en Histoire (Liège) et diplômée de l'École pratique des Hautes Études (Paris). Elle dirige le Centre d'Histoire des Sciences et des Techniques de l'Université de Liège. Ses travaux portent principalement sur l'histoire de la médecine pratique et la pharmacopée du Moyen Âge et des temps modernes.

Le manuscrit

Le *Tractatus de Herbis* évoqué dans ce livre est un manuscrit italien du XVe siècle. Il est conservé à la British Library (Londres), sous la cote Sloane, 4016.

Ci-contre : Haut gauche : macis.
Bas gauche : loup. Bas droite : marjolaine.

maas.
a. bisbest.
appelat qd a
flos maas mu
scate q uidet.
falsu.
Macedonia q.
a. cimirmo aut
lisatrum. aut pe
troselinu macedo
nici aut allexandri ap
llat.
. Lupus. anal q ar adib
uel esabec aut adudia
. dr.
Maiorana. q. dr. san
suco dix. alio noie psa
amaricus. marcemus.
Madonesara.

Sommaire

Crispula ide est q'ci san tur uel
crisogemi qd multi
amarantu uocant.
Crisaci
tis ide est
fusago plini
dicat edera.
. Crocus orientalis
. Crocus ortense.
qd. dr. cnicai dix.

Chapitre I

Le Tractatus de Herbis (Sloane Ms. 4016)

Le Tractatus de Herbis (Sloane Ms. 4016)

La British Library conserve dans ses collections d'ouvrages anciens et précieux un manuscrit coté Sloane 4016.

Cette cote renvoie à un médecin irlandais des XVIIe et XVIIIe siècles, Hans Sloane (1660-1753). Le personnage a exercé diverses responsabilités dans le domaine médical, médecin général de l'armée anglaise, médecin personnel du roi Georges II, président de la Royal Society parmi d'autres. Comme nombre de ses contemporains fortunés et curieux de sciences ou d'antiquités, Hans Sloane avait aussi rassemblé une riche collection d'objets et de livres rares, anciens ou précieux, en rapport avec ses domaines de prédilection. C'est ainsi qu'il est devenu le propriétaire d'une des plus importantes bibliothèques manuscrites de médecine, alchimie, botanique, etc. À sa mort, aux termes de son testament, sa collection a été vendue pour un prix modique à l'État britannique, qui a ensuite mis ces livres à la disposition des érudits.

En 1759, le British Museum ouvrait au public avec, parmi son noyau de collections, le fonds Sloane et l'un de ses joyaux, le *Tractatus de Herbis* (*Traité des herbes*), désormais porteur du n° 4016.

Un herbier ou un imagier de simples ?

Le manuscrit, qui provient du nord de l'Italie, est daté du milieu du XVe siècle (vers 1440). Il comporte 110 folios de parchemin (108 ff. numérotés et quelques feuillets non foliotés). Au fil de ses feuillets, se découvrent des animaux, quelques personnages et surtout une profusion de plantes. À l'exception de l'une ou l'autre figure dépourvue de légende et, peut-on penser, intégrée à l'ensemble comme élément de décor (c'est le cas de reptiles, par exemple) ou de mise en situation (tel le Diable, visible à la gauche de l'herbe Saint-Jean dite « *fuga demonum* », c'est-à-dire « qui fait fuir le Démon » : voir ci-dessous), la plupart des figures sont légendées, ce qui permet à la fois de les reconnaître comme éléments du corpus et de les identifier suivant leur nom en latin, en langues vulgaire, en grec ou en arabe.

La plupart de ces éléments (plantes, animaux, substances diverses) valent pour eux-mêmes, en raison de leur emploi thérapeutique. Certains végétaux représentés dans leur totalité (notamment des arbres) n'ont d'intérêt que pour leurs fruits, leurs feuilles, leurs graines ou leurs racines, utilisés en médecine.

D'autres images montrent la manière de se procurer certains produits : au pied d'un térébinthe, un homme filtre (?) la résine issue de son tronc : la térébenthine (voir p. 14). Pic à la main, un mineur arrache l'alun à la roche (voir p. 48). Des verriers s'activent dans un atelier (voir p. 13), un archer chasse un animal (censé être un cervidé) pour son musc (voir ci-dessous). Quelques enluminures ont aussi une valeur plus symbolique : des ruches illustrent le miel (voir p. 12), un monstre marin (baleine – *cete* – ou plutôt cachalot : voir p. 67) figure l'ambre gris, la représentation d'une femme évoque le sang menstruel (voir pp. 22 et 36), etc.

Page 8 : Haut gauche : fusain d'Europe. Bas gauche : crocus. Bas droite : crocus de jardin.
Page 12 : Gauche : chèvrefeuille. Haut : production du miel. Bas : mélisse.
Page 13 : Haut : soufflage du verre. Bas gauche : orme. Bas droite : *ungula cavallina* (« sabot de cheval »).

. De melle .

Melissa . dr. mellusophillos .
dix. a. citaria . a. melisilon .

Matrisilua . q. dr. piclime
nos dix. siue ut latini sple
nariam uel lienalis .

Vitrum sine cugeg.
.Vlmus qd sap
drdar dic. alurac.
.Vngula cabalin
alio noie apolinari
grci. uocat ca dicca. a
strigno mamcu. a'. de
rigion. a'. cechalio. a'bb
bacana. a'. betico. a'. farfar
ul'. farfarelum.

Recette avec de la térébenthine (réputée chaude et sèche)

« Pour faire mûrir un abcès, faites un emplâtre de farine d'orge et de poix claire, ou de farine et de térébenthine détrempée dans du miel »[1].

D'autres images font écho à des légendes, des croyances qui se sont attachées à certains éléments, souvent luxueux, exotiques ou sur la nature desquelles nos ancêtres se méprenaient. Elles renvoient alors à des éléments de la culture du temps, à un imaginaire souvent inspiré par la Bible ou l'Antiquité classique, qui n'est plus le nôtre et nous déconcerte. Il en va ainsi de l'image du baumier, arbre ou buisson qui, croyait-on, grandit à Babylone dans un champ où se trouvent sept fontaines « et si on le plantait ailleurs, il ne porterait ni feuilles, ni fleur ». Le baume doit s'écouler dans des ampoules de verre, posées au pied du baumier[2] (voir p. 16).

Quant à l'animal mordant ses organes génitaux, il représente un castor, recherché pour les sécrétions d'une glande de sa zone anale : le castoréum. On trouve dans le *Livre des simples médecines* une clé à sa posture insolite : « les uns disent que la bête pense, quand elle est pourchassée, que c'est pour ses testicules. Ainsi, elle les tranche avec ses dents et les jette à ses poursuivants », espérant sauver sa vie par ce geste[3] (voir ci-dessous et p. 84).

En ces diverses substances, on reconnaît nombre de « simples » – un nom par lequel sont désignées les substances naturelles, à l'état « brut » pourrait-on dire –, qui entrent dans la composition des remèdes.

Ainsi notre imagier, en dépit du caractère exceptionnel de son illustration, peut être assimilé à un type d'ouvrages courants dans la littérature didactique à finalité médicale : un répertoire de simples, ce que l'on appelle un herbier. C'est un genre qui remonte loin dans le temps et se perpétue durant des siècles.

[1] *Livre des simples médecines*, éd. P. Dorveaux, Paris, 1913, p. 146.
[2] *Livre des simples médecines*, p. 22.
[3] *Livre des simples médecines*, p. 50.

Un herbier est un répertoire de végétaux, classés par ordre alphabétique selon l'initiale de leur dénomination en latin. De tels traités combinent ordinairement une image de la plante avec une notice plus ou moins détaillée qui concerne ses qualités (notions sur laquelle on va revenir), son aspect, le meilleur moment pour sa cueillette, le lieu où elle pousse, la ou les parties utilisées en médecine, ainsi que diverses indications sur ses emplois thérapeutiques.

Le cas échéant, on y trouvera aussi des révélations portant sur l'imaginaire qui s'est attaché à certaines de ces plantes, remontant souvent à des temps très anciens. Ainsi, le basilic, selon l'herbier du Pseudo-Apulée, est prétendu pousser dans les lieux où s'est trouvé l'être fabuleux et terrifiant, mi-coq, mi-serpent, né d'un œuf de coq et couvé par un animal venimeux, qui porte ce même nom de basilic[4]. De cette communauté d'origine avec le monstre, la plante tire une faculté talismanique et préserve du venin de serpent : « Si un homme la porte sur lui, il sera préservé de toutes sortes de serpents. »[5]

L'herbier, une origine antique

Si au Moyen Âge on a produit différents herbiers, ce fut souvent en s'inspirant d'herbiers antiques qui faisaient alors office d'herbiers de référence.

Le plus ancien d'entre eux est le *De materia medica*. Il constitue la traduction latine durant l'Antiquité tardive, suivie plusieurs siècles plus tard (vers l'an mil) d'une mise en ordre alphabétique, d'un herbier écrit

Ménuphar

« Froid et humide au second degré. C'est une herbe qui croît dans les lieux aqueux, dans les régions chaudes et froides. Il y en a de deux variétés : l'une est de couleur pourpre et c'est la meilleure. La fleur de l'autre est jaune et ne vaut pas autant. On les cueille en juin et en septembre. On peut un peu les garder. [...] De ces fleurs, on fait un sirop pour les fièvres aiguës, que l'on donne en décoction avec du sucre. »[6]

4 Michel Pastoureau, *Bestiaires du Moyen Âge*, Paris, Seuil, 2011, p. 156.
5 *Antonii Musae de herba vettonica liber. Pseudo-Apulei herbarius. Anonymi de Taxone liber. Sexti Placiti liber medicinae ex animalibus*, éd. E. Howald, H.E. Sigerist, Leipzig-Berlin, 1927 (*Corpus medicorum latinorum*, vol. IV) (édition du Pseudo-Apulée, p. 219).
6 *Livre des simples médecines*, éd. Dorveaux, p. 139.

. Balsamus qd arabice lelesem
ul' fructex qd uerus est.

initialement en grec par un médecin militaire originaire d'Asie mineure, Dioscoride d'Anazarbe. *De materia medica* décrit environ six cents simples originaires des différentes régions traversées par les armées que Dioscoride accompagnait.

Un autre herbier d'origine antique, plus court puisqu'il ne comporte qu'une centaine de notices, est l'*Herbarius* dit du Pseudo-Apulée, dont nous venons de parler. Son auteur, Sextus Apuleius, est un personnage peu connu du IVe ou du Ve siècle après Jésus-Christ.

Les herbiers au Moyen Âge

D'autres grands herbiers ont été composés durant le Moyen Âge. Le *De virtutibus herbarum* (*Des vertus des herbes*), dit *Macer floridus*, est attribué à Odon de Meung (XIe siècle). Le *Liber de simplici medicina*, appelé aussi d'après ses premiers mots *Circa instans*, a longtemps été attribué à un médecin officiant à Salerne au XIIe siècle, Matthaeus Platearius, personnage dont l'existence est aujourd'hui parfois remise en cause. Du XIIIe au XVe siècle, ce traité a circulé à travers toute l'Europe, en latin ou dans des traductions dans plusieurs langues véhiculaires. Au bas Moyen Âge, en effet, une part de la littérature didactique initialement rédigée en latin est traduite dans les langues vivantes, pour un nouveau public, avide de connaissances, mais non latiniste. Dans le cas qui nous occupe, ce public peut être fait de professionnels de la santé (des apothicaires, par exemple) ou, pour les plus beaux exemplaires, de grands personnages, membres de la noblesse ou de la haute bourgeoisie, intéressés par l'histoire naturelle ou soucieux de leur santé. C'est pour un tel lectorat que paraît une version française du *Liber de simplici medicina* au XIIIe siècle, sous le nom de *Livre des simples médecines* dont il vient d'être question, ou de *Grand Herbier*. Cette version française s'enrichira ensuite elle-même de nouvelles notices jusqu'au XVe siècle.

Page 16 : Baumier de La Mecque.

Remède pour dormir

« Prenez l'absinthe, l'aneth, la rue, la livèche et la ronce. Cuisez [le tout] dans de la bonne cervoise et buvez la médication bien chaude. »[7]

Dans le cas du manuscrit Sloane 4016, la représentation graphique a résolument pris le pas sur le texte, réduit au strict minimum : le nom du simple et parfois une référence à un auteur qui en a parlé : Dioscoride, Pline l'Ancien ou encore Avicenne. La somptuosité du décor comme l'absence de texte montrent que ce livre avait pour vocation principale de satisfaire la curiosité érudite d'un richissime possesseur, plus que de fournir une information sûre à un praticien de la santé, médecin ou apothicaire, qui n'y aurait pas trouvé son compte.

En latin ou en langues vernaculaires, les herbiers connaissent un grand succès au Moyen Âge. La plupart des bibliothèques en possèdent au moins une copie. La curiosité pour le genre ne se tarit pas avec la fin de la période médiévale. Publié dès 1488, le Dioscoride alphabétique figure ainsi parmi les premiers textes imprimés. Il en va de même du *Livre des simples médecines* qui connaît plusieurs éditions au tournant du XVIe siècle, sous le titre d'*Arbolayre* ou de *Grand Herbier en françois*.

[7] Ms. BL Sloane, 146, recueil de médecine, éd. T. Hunt, *Popular medicine*, p. 285 (n° 164).

Ci-contre : Haut gauche : garance. Milieu : ronce, mûrier.

Rubea tinctorum dy.
critodanum dix. a.
fanc dicit.

.sap huler t dix
.a. bato sitora.
oit?. a. sintro
matitanos
dcos a. sinix
siluatica.
t.a.
c.

Rucha. alio noie pacob q.
pigamo. i alabarentis appellat.

Remèdes pour soigner la teigne, la perte de cheveux ou encore pour les maux de ventre

« Si tu perds tes cheveux, cuis les mauves avec toutes leurs racines et ainsi, lave-toi la tête. Et encore fais sécher la courge sauvage ou l'autre [celle qui est cultivée], réduis-la en poudre et ainsi, tu la mets dessus quand tu t'es lavé [la tête]. Et ceci vaut de même pour la teigne, avec l'absinthe. Pour le mal de ventre, broie la rue et bois-en sans cesse, ou bois le jus de plantain toujours tiède. »[8]

On n'oubliera toutefois pas qu'à côté de ces herbiers « classiques », inlassablement recopiés, il en a existé quantité d'autres, des herbiers « maison », dus à des médecins ou à d'autres personnes intéressées par la composition de remèdes. Ces herbiers sont établis sur le canevas de ces modèles, mais soit adaptés à un usage local, soit enrichis d'informations issues de l'expérience propre des rédacteurs ou encore de traditions orales dont la source nous échappe. Des différences peuvent aussi n'être rien d'autre que des altérations de texte, dues à des erreurs de copiste. Toutes ces versions dissemblables les unes par rapport aux autres et dont nous pouvons difficilement retracer le cheminement à travers les siècles et les copies peuvent avoir à leur tour donné lieu à une « descendance ». C'est-à-dire qu'elles peuvent avoir elles-mêmes été à un moment donné retranscrites par quelqu'un qui s'en est inspiré pour composer son propre recueil. Ces herbiers, comme les recettes dont on dira un mot plus loin, appartiennent à une littérature médicale médiévale pratique, destinée à être utilisée. Ces traités constituent pour ainsi dire une littérature vivante. Ils parlent de la vie et c'est ce qui, malgré les difficultés de lecture et d'interprétation qu'ils nous posent, les rend aujourd'hui encore si attachants.

En dépit de son côté quelque peu atypique, le Sloane 4016 renvoie aussi aux connaissances médicales du Moyen Âge. Il invite dès lors à s'interroger sur ce qu'était cette médecine, non seulement au temps où ce manuscrit fut élaboré mais aussi auparavant, puisque le savoir de ce temps était, pourrait-on dire, cumulatif. Sa légitimité se fondait sur son passé et la référence aux anciens, perçus comme des autorités. C'est dès lors aussi à un parcours dans le passé de la médecine que ce beau manuscrit et ses somptueuses illustrations invitent.

---

[8] *Médicinaire de Liège*, éd. G. Xhayet, *op. cit.*, pp. 100-101.

Ci-contre : Gauche : plantain lancéolé. Haut : pulicaire. Bas : centinode.
Page 22 : Gauche : prêle. Haut : enfant et « du sang menstruel ». Bas : jacinthe sauvage.

.Policaria qd' dy- comica appellaui†.

.Poligonia. qd' dy. poligonos dix-
cin' due sunt spẽs scilz masculus et femĩa latini
corrigiolaz uocãt a. proserpinacia a. lin
guã passinaz a. cino siamẽ. a'. poligo
nates a'. aspaltiuum. a. policarpos. a' calectrõ.
a'. cenopodion aly mirotopectalõ aly
ceclia. a. megalion egiptij . iteri omo eos. penfic
profeti. go ngi. herenos pũa zugir roma m sanguine
lam a. scona ria. a. se ru tin. a'. scorpia cẽ thusci corn
giola et hec uo cat. sang na ria q in
medicis pont.

lantago mi
r siue lanceo
ta. q lanceola.
garit appellat.

De sanguine.
mestruali.
Puer hus oculos
. De homine sive de muliere.
experimenta.
is
qd.
qui.
. sacan
sive
bus.
BRITISH
MUSEUM

Chapitre 2

Médecins, maladies et actes médicaux

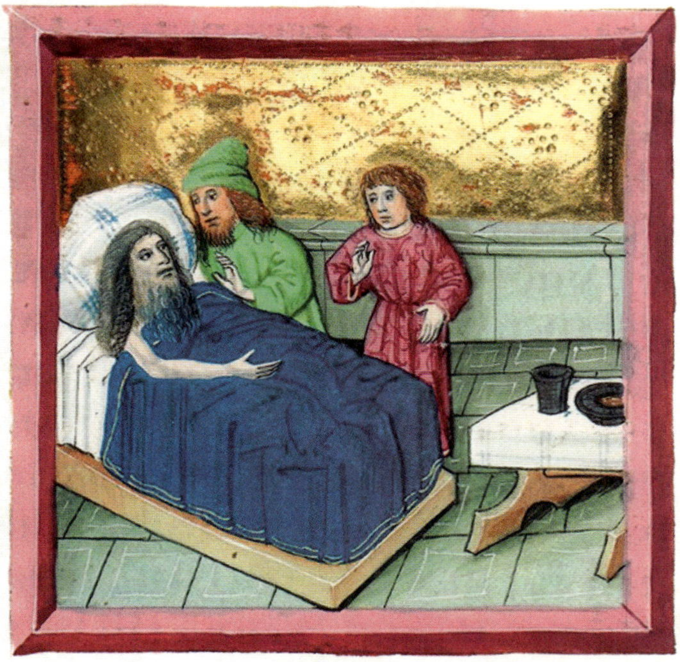

Médecins, maladies et actes médicaux

En dépit de leur imprécision et des difficultés d'interprétation de leurs données, abstraction faite aussi d'autres moyens d'investigations plus performants qui existent de nos jours pour percer les secrets des maladies d'autrefois, telles les données issues des analyses paléopathologiques des ossements humains mis au jour par l'archéologie, les herbiers, comme les traités de médecine ou les recueils de remèdes éclairent l'état sanitaire des populations médiévales et les efforts que celles-ci faisaient pour se soigner.

De quels maux souffraient nos ancêtres ?

Les affections les plus souvent citées concernent les maux de tête, les fièvres (un état maladif qui peut durer plusieurs jours et que l'on n'assimilera pas, comme de nos jours, à une hausse de la température corporelle), les calculs urinaires, les troubles digestifs (vomissements, diarrhées), les saignements, les affections gynécologiques et tout ce qui est lié à la génération et à l'obstétrique, les blessures, et brûlures, les plaies (infectées ou non), les manifestations de l'épilepsie. Cette dernière est aussi appelée « mal caduc » ou « mal dont on choit ».

Les remèdes révèlent aussi l'importance de la vermine, qu'il s'agisse de parasites externes (poux, puces, champignons) ou internes (vers). On notera aussi que pour les médiévaux, les maux de dents ou d'oreilles proviennent souvent de vers qui infesteraient ces organes. À ce catalogue, il conviendra d'ajouter les intoxications et empoisonnements d'origine accidentelle et liés à des problèmes d'approvisionnement dans les temps de disette, voire de famine.

En bref, ces sources montrent un état de santé souvent précaire, lié à des activités et un milieu de vie globalement malsains et dangereux.

·Scorp. aı̃al ar. ham

·Scordeō·

.Strutius.
Sucasa morsus.
diabolli.

Des maux de tête selon un traité du haut Moyen Âge, l'Esculapius

« Céphalée, c'est le mal de tête, ébranlée avec le cerveau et les tempes. C'est de là que tu l'appréhendes. Il y a le mal de tête comprenant les tempes et le front que les Grecs appellent tritasion (du grec *tritaïos*, fièvre tierce). Si c'est une moitié de la tête qui est douloureuse, ils parlent de migraine (*haemigranium*, soit moitié de crâne). Parfois, la douleur est grande, ou légère. Parfois, la douleur vient par la chaleur du soleil, ou par trop de froid, ou par la clameur de la foule, ou le trop de vin, le trop de veilles [...] ».[9]

À ce tableau déjà sombre, s'ajoutent encore les épidémies. Celle d'ergotisme, appelée aussi « mal des ardents » ou « mal Saint-Antoine », survient quand, faute de mieux, les populations se nourrissent d'un seigle parasité par un champignon (ergot) toxique. On connaît aussi la tristement célèbre peste bubonique. Avec ses résurgences, cette maladie véhiculée par les puces est présente en Europe durant le haut Moyen Âge et disparaît ensuite pour plusieurs siècles. Elle revient en force à partir du milieu du XIVe siècle et jusqu'au XVIIIe siècle pour des ravages périodiques au sein des populations[10]. Enfin, la lèpre, tout au long du Moyen Âge, estropie, suscite la crainte et entraîne pour les malades atteints une mise au ban de la société qui les éloigne et les confine faute de pouvoir les secourir efficacement.

Remède pour enlever les taches de rousseur sur le visage ou comment avoir une belle couleur ou faire le teint rosé

« Broie du poivre avec des feuilles de myrte et uses-en dans le bain. »[11]

[9] Éd. *Experimentarium medicinae*, Strasbourg, 1544, p. I.
[10] Sur la peste on se reportera à l'ouvrage classique de J.-N. Biraben, *Les hommes et la peste en France et dans les pays européens et méditerranéens*, 2 vol., Paris, 1975.
[11] *Liber fisicum medicinale, Codex bambergensis* (IXe-Xe siècles), éd. J. Jörimann, *Frühmittelalterlische Rezeptarien*, Zurich, 1925, p. 64.

Page 25 : Gauche : ail des vignes. Haut : scorpion.
Ci-contre : Gauche : autruche, réputée capable de manger des métaux, d'où sa représentation avec un fer à cheval dans le bec. Droite : mors-du-diable ou succise des prés.

Mirta siue mirtus
Mirta siue mirtũ

La médecine et ses divers praticiens

Face à ces difficultés, la médecine est une activité au spectre large puisqu'elle porte sur le maintien et la restauration de la santé (prévention, diagnostic et soin des maladies). Même si elle est abandonnée aux apothicaires, la confection des remèdes entre aussi de plain-pied dans le champ de ses activités.

Le médecin

La médecine est le fait du médecin, un praticien doté d'un savoir particulier, désigné comme *medicus* (de *mederi*, soigner, guérir), soit un guérisseur. À partir du XIIIe siècle environ, la médecine devient discipline universitaire et partie intégrante de la « physique », c'est-à-dire de l'étude de l'ordre naturel (*physis* en grec). Et le médecin, promu au rang de savant, sera appelé *physicus*, titre officiel des diplômés des facultés de médecine.

Quel que soit le nom qui lui est attribué, le médecin dispose de son savoir et de son expérience pour reconnaître certaines maladies et les traiter. Pour ce faire, il utilise plusieurs signes cliniques, que des manuels lui ont appris à lire et à interpréter : traités des fièvres, traités du pouls ou traités des urines. Le praticien examinant le contenu d'un urinal est d'ailleurs un des gestes les plus emblématiques de la médecine médiévale, souvent représenté dans l'iconographie du temps. Guidé dans cette fonction par des traités qui l'informent des différents aspects que peut revêtir ce fluide et des enseignements qu'il recèle sur l'état de santé du patient, le médecin peut reconnaître à sa teinte, à sa fluidité, à sa limpidité, à sa quantité, à son odeur (et même à son goût), à l'aspect des sédiments laissés au fond de l'urinal, la bonne ou la mauvaise santé de son patient. Ces traités sont tantôt des textes savants tantôt de simples mémentos à l'usage de guérisseurs peu instruits.

Clés d'interprétation pour examiner l'urine dans un recueil de recettes du XIVe siècle[12]

« Début : ici commencent les urines : Urine d'homme qui est sain est claire [litt. blanche] le matin et rougit avant de manger. Après avoir mangé, elle est claire.

[...] Urine qui tombe par gouttes. Urine qui tombe par gouttes et présente en surface de l'écume et est granuleuse est signe de longue maladie.

Urine foncée [litt. noire] : l'urine qui est noire et épaisse est signe de fièvre aiguë et de longue maladie.

Urine de femme. L'urine de femme qui est claire et luit comme de l'argent dans l'urinal, si [en plus] la femme vomit et n'a guère de goût pour manger, cela signifie qu'elle est enceinte. »

---

12 Éd. T. Hunt, *Old French medical texts*, Paris, Classiques Garnier, 2011, pp. 42-43.

Ci-contre : Droite : myrte.

Apothicaires, chirurgiens et barbiers

On se souviendra toutefois qu'à cette époque les médecins ne sont pas les seuls praticiens appelés à secourir leurs semblables atteints d'infirmités. À côté d'eux, apparaissent les apothicaires qui confectionnent les médications et, le cas échéant, les administrent aux patients, ensuite les chirurgiens et les barbiers.

Ceux-ci se distinguent des médecins sur plusieurs points. Ils opèrent sur le corps et, si besoin, font couler le sang. Ce sont eux notamment qui traitent et pansent les blessures, réduisent les fractures, incisent les abcès, etc. Il leur appartient aussi d'effectuer la saignée. Leur formation les distingue des médecins puisqu'elle reste « technique ». Chirurgiens et barbiers apprennent leur métier par apprentissage auprès d'un praticien, à l'instar de n'importe quel artisan médiéval. Même si l'absence de réelle possibilité de juguler tant la douleur (malgré l'administration d'opiacées dont l'emploi était connu) que l'infection constitue souvent un frein à son action, le chirurgien néanmoins, par la connaissance intime du corps qui est la sienne, sera souvent mieux armé que le médecin pour soigner les patients. Souvent moins « huppés » que les médecins, les chirurgiens soignent le tout-venant de la population. C'est notamment eux qui pratiquent dans les hôpitaux créés dans le courant de la période médiévale.

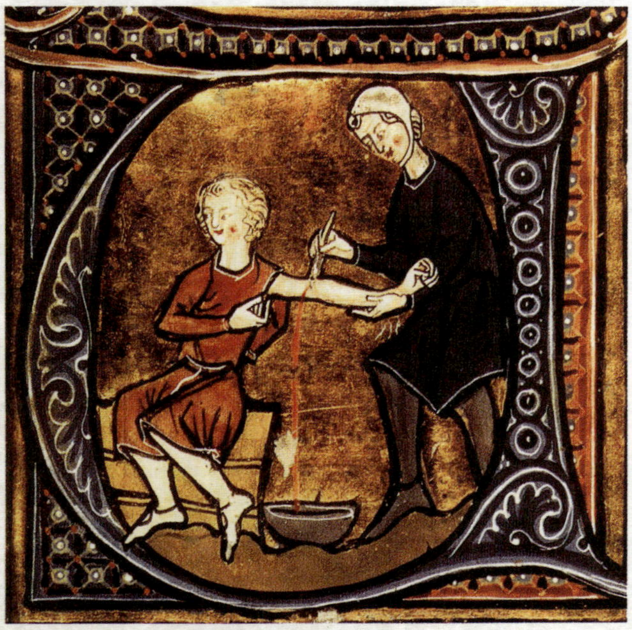

Matrones et sages-femmes

Enfin, notre revue des prestataires de soins s'intéressera aux matrones et sages-femmes. Empiriquement, elles ont une certaine connaissance du corps féminin qui les habilite à suivre les femmes enceintes (quoique ce ne soit pas l'habitude) et à aider les parturientes lors de l'accouchement. Ce sont elles aussi qui donnent les premiers soins aux nouveau-nés.

Leur rôle est aussi religieux puisqu'en cas de danger de mort de l'enfant, elles procèdent à l'ondoiement, parfois même *in utero*. Leur rôle peut prendre un tour juridique, lorsqu'il s'agit, comme dans le cas cité ci-dessous, de mener des expertises gynécologiques. Nous sommes au XIVe siècle, en Provence, au cœur d'un litige opposant Sybille de Grasse-Cabris, une jeune veuve de l'aristocratie locale, et la famille de son époux, qui nie la réalité de sa grossesse, annoncée peu après le décès de son mari. On lit dans les pièces du procès : « [les magistrats] ordonnèrent au témoin [une matrone nommée Raymonde Cabrilhana] et à plusieurs dames et matrones dudit lieu d'Entrevennes [...] de procéder à l'examen du ventre et de rendre compte de leur expertise. Ces dames firent déshabiller Sybille, et une fois qu'elle fut nue, l'examinèrent. Elles trouvèrent en elle quatre signes propres à son état et, après avoir appris d'elle qu'elle sentait l'enfant bouger et que ses règles avaient cessé, elles déclarèrent qu'elle était enceinte. »[13] Plus loin dans son rapport, Raymonde décrit avec réalisme les modifications morphologiques et physiologiques qui affectent la jeune femme enceinte et attestent de sa grossesse.

[13] Édition, traduction et commentaire du texte par Noël Coulet, *Affaires d'argent et affaires de famille en haute Provence au XIVe siècle : le dossier du procès de Sybille de Cabris contre Matteo Villani et la compagnie des Buonaccorsi*, Rome-Paris, École française de Rome, 1992, p. 81 (pour la traduction).

Guérisseurs/ guérisseuses et rebouteur

À côté de cette médecine, il y a aussi tous les guérisseurs, guérisseuses et rebouteux de toute espèce qui prodiguent également leurs soins à la population. En ce qui concerne l'éventail thérapeutique, les traitements médicaux coexistent avec des méthodes que nous qualifierions volontiers de « magiques » : l'invocation de saints guérisseurs, l'entreprise de pèlerinages aux sanctuaires à reliques, ou le recours à des amulettes, charmes ou incantations sur lesquels nous reviendrons.

Pour la fièvre tierce (qui dure trois jours)

« Cuisez trois feuilles de plantain après le coucher du soleil ou au matin, avant le lever du soleil et dites trois fois le Pater Noster et broyez les feuilles et détrempez les de vin et donnez trois fois à boire [malade], ainsi il guérira ».[14]

Les thérapies

Pour sa partie savante cependant, le savoir médical du Moyen Âge, au cœur des médications par les simples, doit principalement être compris comme un savoir hérité. En effet, dans l'Antiquité classique, principalement en Grèce, s'était construite une médecine savante, comportant à la fois un savoir théorique et une pratique médicale. Ses principaux maîtres à penser sont Hippocrate de Cos, aux Ve et IVe siècles avant notre ère, et ses disciples, et Galien, médecin originaire de Pergame, en Asie Mineure qui, après avoir officié comme médecin d'une école de gladiateurs, ce qui lui donnera de sérieuses connaissances anatomiques, fit carrière à Rome aux IIe et IIIe siècles de notre ère.

Des principes hérités de l'Antiquité

Pensée en Grèce, cette médecine qui influencera la médecine de l'Occident durant le Moyen Âge (et même beaucoup plus longtemps encore) repose sur quelques principes, permettant d'expliquer le fonctionnement et les désordres de l'organisme, en d'autres termes, les maladies. Ces principes permettent aussi de comprendre comment agissent les remèdes prescrits par les médecins. Plusieurs éléments interviennent dans ces processus, dont la théorie de la complexion des humeurs et de leurs qualités définie par Galien, ensuite le rôle des simples.

[14] Recueil de médecine, éd. T. Hunt, *Old french medical texts*, Paris, Garnier, 2011, p. 74.

Page 30 : Saignée, *Régime du corps* d'Aldebrandin de Sienne (fin XIIIe siècle).

Ci-contre : Sauge.

.Pistace.
.Plantago q' a
arnoglosos siue e
tapleuros dic.

Les prunes

« [...] sont froides et humides. Il en existe des blanches, des rouges et des noires. Les meilleures sont les noires et dures. Et de même, celles que l'on appelle Damascènes. [...] Elles refroidissent et soulagent les entrailles. Et pour cela, elles sont bonnes dans les cas de fièvres aiguës. »[15]

Les anciens pensaient que quatre liquides (appelés « humeurs », par référence au latin *humor*, qui signifie « liquide ») circulent dans le corps humain : le sang, le phlegme, la bile et la bile noire. Si le sang et la bile se reconnaissent sans difficulté, il n'en va pas de même des deux autres. Le phlegme (du grec *phlegma*, glaire, pituite, mucus) désigne tout liquide résultant d'une inflammation, tandis que la bile noire, appelée aussi « mélancolie » d'après une translittération du grec *melagcholia* (se prononce *melancholia*), « bile noire », n'existe pas réellement.

Les humeurs sont pourvues de « qualités » : le sang est chaud et humide, le phlegme est froid et humide, la bile jaune est chaude et sèche et la bile noire est froide et sèche. Enfin, ces humeurs sont, dans l'homme microcosme, en relation avec les quatre éléments bases du macrocosme : le sang avec l'air, le phlegme avec l'eau, la bile avec le feu, et la bile noire avec la terre. Pour compléter le tableau, il importera de noter que tout individu a en lui une « humeur » prédominante sur les autres et qui détermine son tempérament (c'est-à-dire à la fois son caractère et une certaine prédisposition à des maladies). On dira donc d'un individu qu'il est sanguin, flegmatique, bilieux ou mélancolique, selon l'humeur qui prédomine en lui. La circulation harmonieuse de ces liquides dans l'organisme détermine le bon état de santé d'une personne.

D'autre part, les humeurs sont « produites » par un organe (le cœur pour le sang, le cerveau pour le phlegme, le foie

[15] *Livre des simples médecines*, éd. Dorveaux, p. 154 (extrait).

Page 32 : Gauche : pistachier. Droite : plantain majeur.

pour la bile jaune et la rate pour la bile noire) à partir des aliments. Absorbés par le corps, ces derniers y subissent des « cuissons » successives, (la première, sans surprise, s'effectuant dans l'estomac), qui permettent aux organes de fabriquer les humeurs. Mais il arrive qu'une cuisson imparfaite ou des aliments inappropriés (par leurs propres qualités) produisent des humeurs défectueuses, trop fluides ou trop épaisses, dont l'écoulement ou trop rapide ou trop lent provoque des bouchons (*oppilations*) dans les conduits de l'organisme et les obstruent, rendant l'individu malade.

Le rôle des simples

Les simples interviennent à deux niveaux dans ces processus. On rappellera d'abord que, tout comme les individus, ceux-ci sont dotés des qualités de chaud, froid, sec, humide, dans des proportions variables selon les espèces. Selon la théorisation effectuée par un maître de Salerne, chaque

Pour le mal de ventre et d'estomac

« Réduis en une poudre très fine des graines d'ache, de fenouil et de poivre. Tu en bois trois cuillerées, mêlée à de l'eau chaude. »[16]

[16] Recette issue d'un recueil anglo-irlandais du XIVe siècle. T. Hunt, *Popular medicine*, p. 230.

Ci-dessus : Théorie des humeurs, *Livre des propriétés des choses*, Barthélémy l'Anglais (XIIIe siècle).
Ci-contre : Gauche : peucédan ou fenouil de porc. Droite : pin parasol.

.Pince. qđ greci srobilia
nocāt arabice chunobar.

lanū alio
ucilus porci
.aūt agauice
y agrifillati.
nagria. a'. aga
ō a' panastel
agropilon. a'.
uz. 1 dv. in.
. libantis.

élément est subdivisé en trois « espèces » (supérieure, moyenne, inférieure), qui correspondent à des « degrés » d'intensité des qualités et permettent d'affiner les prescriptions.

En prenant ces simples soit comme aliments, soit sous forme de médication, l'individu absorbe aussi les qualités dont ils sont porteurs, avec le risque de créer un déséquilibre dans sa complexion, synonyme de maladie. L'intervention du médecin est alors requise, tant pour détecter la nature de la maladie que pour prescrire le remède approprié, notamment en rétablissant la bonne circulation des humeurs. En gros, il s'agira de provoquer une évacuation des « mauvaises » humeurs et de dégager les conduits de l'organisme, en faisant uriner, déféquer, suer, vomir ou saigner son patient. Ce résultat est atteint par l'administration de médications. Le saignement s'obtient tantôt chirurgicalement tantôt par l'administration de remèdes emménagogues, notamment lorsqu'il s'agit de faire venir les règles chez les femmes.

À côté des notices des herbiers, les informations relatives aux plantes mises en œuvre dans les remèdes apparaissent dans des « recettes » (de *receptum*, chose reçue), à l'instar de nos recettes de cuisine. Sur le plan formel, les recettes présentent plusieurs éléments constitutifs. En premier lieu, on y lit un intitulé (parfois rubriqué, c'est-à-dire marqué de rouge ou caractérisé d'une quelconque manière dans les manuscrits) qui permet leur identification. Ce peut être, dans le cas de remèdes renommés, un nom consacré, tel celui de la thériaque dont il sera question plus loin. Mais ce titre peut également se limiter à la désignation de l'organe malade, d'une affection ou d'un symptôme que ce remède est censé traiter. Après ce titre apparaît une liste d'ingrédients qui interviennent comme substances actives et produits accompagnants, qui agissent comme liants ou encore comme édulcorants.

Moins régulièrement présentes toutefois, diverses informations apparaissent également, à propos du mode de préparation ou du dosage. Selon les cas, les simples sont en effet séchés, broyés, mélangés. On peut en ex-

traire le jus, par torsion ou par pression. Plus rarement, une macération ou un filtrage sont requis. Souvent aussi, les simples sont cuits (dans de l'eau ou dans d'autres liquides, notamment du vin). Parfois un dosage est précisé, exprimé en mesures grecques (drachmes, onces), ou plus empiriquement : « une quantité équivalente à la taille d'une noisette », d'un gland, d'un œuf de tel ou tel oiseau, à moins qu'une quantité plus généreuse de produit soit requise, auquel cas la mesure se calculera en poignées. Le mode d'administration du médicament est une donnée importante généralement spécifiée, parfois laconiquement (« prendre » ou « donner »), mais souvent avec davantage de précision : boire, manger, appliquer, instiller, prendre dans le bain, etc. On en déduira la consistance solide ou liquide de la préparation. Beaucoup de ces remèdes sont des potions, mais des emplâtres, des pastilles, pilules, suppositoires, clystères, voire des préparations pour des fumigations, entraient aussi dans l'éventail des médications. Le reste de la recette se constituait de données relatives à la durée du traitement, à la fréquence et au moment des prises ; des indications en définitive analogues à celles qui pourraient apparaître sur des ordonnances actuelles.

Les recueils de recettes médiévales

Le corpus des recettes médiévales couvre une fourchette temporelle qui s'étend des VIIIe-IXe siècles au XVe siècle. Il en existe deux types principaux, selon la nature des remèdes qui y sont répertoriés, comme il existe deux sortes de recueils de telles recettes.

Remède à base de clématite (et de raves) pour les épileptiques

« Pour ceux qui tombent : tu broies et tu détrempes de vin la racine de la clématite et la semence des raves. Et tu leur donnes à boire [la médication] le premier jour d'août. Durant toute l'année, ils seront sains. »[17]

[17] *Médicinaire de Liège (XIVe siècle)*, trad. G. Xhayet, *Médecine et arts divinatoires*, p. 99.

Page 38 : Gauche : clématite. Haut : colchique à fleur blanche. Droite : coloquinte.
Page 39 : Gauche : ravenelle, radis sauvage. Droite : radis.
Page 40 : Gauche : « *satis invenitur, sed ignoro nomen eius* » (« [herbe] que l'on trouve fréquemment mais dont j'ignore le nom »).
Page 41 : De gauche à droite : orge, origan, gesse à larges feuilles, œufs.

Colcato a·
bulb' a·
effemero.
.Clemantis.
Coloquntida. alio noie
sellena. andal uel ala
handel. handal cucur
bita. alesandrina.

..Radix.
.Rapistrum siue
armoratia.

. Satis iuenitur s; ignoro nomē eius.
. Cortaiola.
Gualda.

em.
. Origanu alio noie gole
na. 7 co:nab ulgia dr. a.
fandemq 7 o: uleos a. eli
nopodion. no cant.
. Ova qd. grece oa.
. Orobum qd di. herbu dix .
arabice kerscemie dr.

Les antidotaires sont des recueils d'*antidota* (un *antidotum* est littéralement un contrepoison, mais en réalité le terme désigne des remèdes pour divers maux, et pas seulement pour des intoxications), c'est-à-dire des remèdes à base de produits exotiques, coûteux, avec une terminologie et une posologie précises. Les *antidota* sont des compositions souvent complexes requérant l'emploi d'une quantité importante d'ingrédients et dont la source remonte à l'Antiquité.

À côté des *antidota*, existe un autre type de recettes, caractérisées par la banalité de leurs ingrédients, de leurs procédés de fabrication et leur faible prix de revient qui les mettent à la portée de toutes les bourses. Leur dénomination latine est d'ailleurs *parabilia* (de *parabilis*, que l'on se procure facilement ou à bon marché). Les recueils contenant de telles recettes sont simplement appelés « réceptaires » ou, plus rarement, « médicinaires ». Les remèdes y sont classés *a capite ad calcem* (c'est-à-dire « de la tête aux pieds » – ou plus exactement « au talon »). Ces recueils sont de dimension très variable, pouvant réunir quelques dizaines de remèdes à plusieurs centaines. Quant au contenu, il est à la fois toujours à peu près le même, sans être pourtant jamais le même. Cette diversité concerne autant la succession des recettes que le contenu de chacune d'elles. On peut ainsi retrouver des remèdes pour ainsi dire identiques dans des recueils très éloignés dans le temps. Un remède à base de corne de cerf brûlée et réduite en poudre est recommandé au XIVe siècle contre la diarrhée. Un millénaire plus tôt, un recueil de l'Antiquité tardive le signalait déjà[18]. Le constat vaut aussi sur le plan géographique. Ainsi en va-t-il d'un test faisant réagir du lait de femme avec l'urine d'un malade, afin de déterminer si ce dernier survivra ou non à sa maladie. Avec des variantes (notamment à propos du genre de l'enfant allaité) cette épreuve qui confronte symboliquement la vie et la mort possible a eu une grande diffusion. On en trouve des traces dans différents recueils français, anglais, liégeois, entre le XIIIe siècle et le milieu du XVe siècle.

Test de l'urine

(Ms Paris BnF, lat. 8654B f°32r)

« Metez sus l'urine au malade let de fame qui alete masle, et s'il va au fonz, l'oume muert. Et por fame, du let de fame qui alete fille, et aussi se le let va au fonz, ele muer. »[19]

« Mettez sur l'urine du malade du lait de femme qui allaite un enfant mâle, et si le lait s'enfonce, le malade meurt. Et pour une femme malade, prenez du lait de femme qui allaite une fille. Si le lait s'enfonce, la malade meurt. »

[18] Pour la comparaison, G. Xhayet, *Médecine et arts divinatoires*, Paris, 2010, pp. 135-136.
[19] G. Xhayet, *Médecine et arts divinatoires*, Paris, 2010, pp. 138-139.

Ci-contre : Haut gauche : cerfeuil. Haut droite : cerf. Bas gauche : cétérach (variété de fougère). Bas droite : pois chiches.

· Ceruus ·
· cerfolui ·
· Cicer · arabice · cepis teste ysaac ·
· Ceterac vel asplenon ·
BRITISH MUSEUM

L'analogie entre des remèdes de provenances variées peut s'étendre à une séquence de quelques remèdes qui se retrouvent à certains détails près dans plusieurs recueils, mais sont trop proches pour laisser penser à un effet du hasard. Il s'agirait plutôt du cheminement sinueux et en ordre parfois dispersé de textes initialement groupés. C'est notamment le cas d'une suite de remèdes contre les empoisonnements, faisant entre autres intervenir du plantain, du cerfeuil et de la jusquiame (appelée aussi symphoniaque), pour l'un, de la garance, pour un deuxième, des graines de chanvre pour le dernier, le tout étant dilué dans du lait (pour le premier et le troisième), dans du vin coupé d'eau (pour le second)[20].

Les ingrédients des remèdes

Beaucoup de travail reste à faire pour connaître cette pharmacopée, car de nombreux recueils sont encore manuscrits, ce qui complique l'accès à leur contenu (outre les problèmes induits par la paléographie, il faut penser aux difficultés d'identification des simples). Toutefois, il ressort des informations dont nous disposons que certains simples requis par cette pharmacopée le sont de façon récurrente, tandis que d'autres apparaissent beaucoup plus rarement. Dans les pages qui suivent, nous essayerons de donner un éventail de l'emploi de ces divers simples, en fonction aussi de leur représentation dans le manuscrit Sloane 4016 qui nous sert de fil conducteur.

Les végétaux

Les végétaux représentent la part prépondérante dans la confection des remèdes. Le recours à des végétaux pour se soigner, pratique également observée chez les animaux, est attesté dans les sociétés humaines dès la préhistoire. On en trouve ensuite des traces dans les différentes civilisations anciennes, et notamment chez les Grecs et les Romains. Puis, durant toute la période médiévale que nous allons parcourir, et pour bien longtemps encore, les simples, surtout végétaux, seront au cœur des médications. Nous les rencontrerons au fil de notre parcours de l'histoire de la médecine médiévale, dans les traités et les recueils qui décrivent des remèdes. Il s'agira tantôt de plantes cultivées ou croissant à l'état sauvage dans les bois, les prairies, le long des chemins, tantôt de plantes exotiques et précieuses, achetées au loin. Il pourra aussi s'agir de plantes dont la présence dans les recettes ne s'expliquait que par le souci de recopier dans son intégralité un remède inventé dans l'Antiquité et dont la tradition se perpétuait de manuscrit en manuscrit. Au mieux, cet ingrédient introuvable était remplacé par un substitut, par le système du « *quid pro quo* » (ceci à la place de cela) ; au pire, on s'en passait purement et simplement.

Avant que la chimie n'ait pu mettre au jour les principes actifs des végétaux, les hommes se réfèrent à leur « vertu » ou leur force (du grec *dunamis*, d'où le nom de *dynamidia* donné à certains traités de médecine du haut Moyen Âge), qui leur confère la faculté d'agir contre la maladie. Comme l'exprime l'encyclopédiste Isidore de Séville au VIe siècle de notre ère : « *Dynamidia*, c'est la puissance des herbes, c'est-à-dire la force et le pouvoir. Car la force, dans la vertu curative des herbes, est appelée *dunamis* ; et de là les remèdes que l'on en tire sont appelés *dynamidia*. »[21]

[20] *A home qu est empoisonne*, p. 194.
[21] C. Halleux-Opsomer, « Un herbier médicinal du haut Moyen Âge : l'Alfabetum Galieni », *History and Philosophy of the Life Sciences*, vol. 4-1, 1982, pp. 65-97 (p. 73).

Ci-contre : Gauche : genévrier. Droite : jusquiame.

.Iusquiam⁹ grece. latine calic
cularis dr̄ alio noīe cassilago.
.a'. simfoniaca. .a'. litercilon .a'.
dente cabalino ⁊ piromū.
⁊ calidarē. ⁊ tyabron et
sacmaro ⁊ caliō. ⁊ tiem
on altricō. casoreos. al
bengen. belitonē. safa.
insanā beng̃ uulga
riē. latini dente caba
lino.

.. sīp dys.
..ño
.. ita
..e.

Iuniper⁹ alio noīe arbumacen.
arbū. arcenotidos habelnil anni fruct⁹.
araloces abel. aral alphul.

.Dactili.
Daucus creticus ali
scrofilim agriã. i gre
grece ul' eggon. ul' uo.
uel ulion ul' siccasi
stinaca agrestis .i. pa
nuz.
BRITISH MUSEUM

Alkenclegi alio noie alib. sublide ul' alicatinos ul' alcha. tabon ul' alifilide ul' alisfolides alij sola triu rusticum.

Alelua. qd multi pani culi uocant. di. uo. dicit lothos et multi trifoliu uocant.

Alnus.
Alumen est in alio herba
sarracenica dicit.
Aloen alii vocat.
cibarra.
Alumen siue.
scheb secundum alig
vena dicit terre

. Talpa aĩal. q̃. ar. Kebel dr̃.

. Tamarindus siue.
oxifenica .i. finico indi
.i. alohamisz .i. dactili
indi dicat᷒

La vertu des herbes se manifeste de plusieurs manières. Schématiquement, on traitera ainsi un excès de chaleur par un traitement à base de simples réputés froids, un excès d'épaisseur des humeurs par l'administration de simples aux qualités fluides, etc. C'est ce que l'on appelle la médecine des contraires. À côté de ce rétablissement « mécanique » de l'équilibre des humeurs, les plantes seront aussi utilisées pour confectionner des remèdes qui provoquent les évacuations. Ce n'est toutefois pas le seul mode opératoire des plantes. Pour les anciens et les médiévaux, des connexions mystérieuses existent aussi entre celles-ci et l'organe sur lequel elles agissent. Dans certains cas, l'aspect de la plante la désignera comme remède à une infirmité particulière. Un réceptaire liégeois daté des alentours du XIVe siècle proclame ainsi la vertu d'une lotion capillaire à base de polytric, macéré dans de l'huile et de la graisse d'oie, qui activerait la croissance des cheveux. Cette idée se renforce par le biais d'une autre appellation de « cheveux de Vénus » que l'on trouve aussi à cette époque[22].

Outre l'analogie, on citera aussi un jeu de sympathies réciproques, souligné par le nom de la plante. C'est ainsi que la consoude, d'après le même réceptaire, est cicatrisante : elle « répare les chairs, les os, les hernies, les entorses et les plaies », prise en potion avec du vin au poivre, neuf jours d'affilée à jeun. L'appellation latine de la plante, *consolida*, « l'herbe qui soude les os et les chairs », se rapprochant du verbe *consolidare* (consolider, affermir), établit nettement le rapport existant entre la plante et son emploi[23].

« Politricum ceste herbe tempreie .III. jors et avec oilie et aigue et saïn d'oie ; le cuis et s'en ongies vo cief, se cresterons vostre cheveaz. »

« Le polytric, cette herbe trempée trois jours durant et additionnée d'huile, d'eau et de graisse d'oie, et cuite, fait croître les cheveux si on s'en oint la tête. »

---

[22] G. Xhayet, *Médecine et arts divinatoires*, Paris, 2010, p. 112.
[23] J. André, *Lexique des termes de botanique en latin*, Paris, 1956, p. 99.

Page 46 : Gauche : dattes. Droite : daucus de Candie.
Page 47 : Gauche : surelle ou pain de coucou. Droite : morelle noire.
Page 48 : Haut : aulne. Bas gauche : aloès. Bas droite : alun.
Page 49 : Gauche : taupe. Droite : tamarinier.
Ci-contre : De gauche à droite : coquillage, grande consoude, consoude tubéreuse, petite consoude, corail.

Columbi aiuncique pulli co lubini
Consolida media .i. .q. simphitum.
chilium a.
.Consolida maior.
.Consolida mi nor qd multi. ui cetosicii uocant. a. atosanam.
.Coralus qd multi li thodendu. aut aut almargen. .a. basac. a uigen. .i. cu uocit

.Saxifragia. q alio nomie
amatas dr aspogio. a. artullus.
a. aspos uocant.

.Scab

La saxifrage, réputée utile dans les cas de calculs urinaires est aussi dans ce cas. Un antidotaire anglais du XIe siècle recommande les graines de saxifrage pour « casser les pierres qui se trouvent dans la vessie ». Outre ces graines, le remède requiert des semences d'ache, d'aneth, de persil, de pavot, du castoréum et de la myrrhe. Le mode de préparation est précisé : il faut broyer ces ingrédients et les mélanger à du miel. Il convient ensuite de laisser reposer la préparation dans un récipient de verre. La dose nécessaire pour être efficace équivaut à la taille d'une noisette, voire d'une cuillère pleine. Étymologiquement, le nom de la saxifrage, forgé sur *saxum* et *frangere*, évoque la fracture d'une pierre. Dès lors, la vertu attribuée à la saxifrage provient-elle de son nom, ou la plante tire-t-elle son nom de sa prétendue faculté ? Pour les médiévaux, les deux vont vraisemblablement de pair et la question ne se pose pas vraiment.

Remède contre la pierre

(médicinaire liégeois, XIVe siècle)

« C'est pour détruire la pierre. Broie la graine de saxifrage avec de l'eau chaude et de l'huile et donne-la à boire pendant six jours dans un bain chaud à celui qui souffre de la pierre. Et avec le jus du lierre avec de l'eau chaude ou les feuilles du lierre avec de la *mulse* (boisson constituée d'eau additionnée de miel) ou les rameaux cuits dans du vin ou le jus d'aunée ou manger des baies de genévrier. Et toutes ces choses doivent se donner dans le bain. »[24]

La valeur des plantes peut encore découler des liens mystérieux qui les unissent à des êtres mythiques. Outre le basilic, évoqué plus haut, on peut citer la centaurée, et le centaure Chiron, le maître d'Asclépios ou Esculape, dieu de la médecine.

Voici ce qui concerne la petite centaurée (*Herba centauria minor*) :
« Elle est très efficace contre la morsure de vipère, réduite en poudre et prise en potion avec du vin vieux ; son jus, additionné de miel et posé en onguent, soigne les défauts des yeux [...]. Cuite dans l'eau (jusqu'à réduction à un tiers), et donnée à boire, elle guérit la jau-

[24] G. Xhayet, *op. cit.*, p. 108.

Ci-contre : Gauche : saxifrage. Droite : scabieuse.

nisse ; donnée comme ci-dessus, elle élimine les vers et les teignes. Enfin la centaurée agit comme antidote, pour qui aurait absorbé un poison (*venenum*), donnée broyée dans du vinaigre ou ses racines dans une coupe de vin, à raison d'un denier de racine pour trois de vin. La centaurée porte différents noms : les Grecs l'appellent petite centaurée [...]. On rapporte que c'est le centaure Chiron qui a trouvé ces herbes. C'est de là qu'elles tiennent leur nom de centaurée. Elles naissent dans des terrains fermes et durs. »[25]

La mandragore est sans conteste la plante qui a cristallisé sur elle l'imaginaire le plus vif (voir ci-contre). Détaillées par le Pseudo-Apulée, ses vertus sont médicamenteuses et magiques. Comme remède, c'est un calmant puissant, qui aide à l'endormissement et apaise la douleur. La mandragore a aussi une vertu magique : elle protège des maléfices les enfants qui la portent au cou en amulette, et ses herbes répandues dans la maison en chassent également tous les maux[26]. Beaucoup de croyances s'attachaient à cette plante. On pensait qu'il existait des mandragores mâles et femelles, présentant une allure masculine ou féminine (impression habilement renforcée par le ciseau du marchand). Comme le rappelle Carmélia Opsomer, sa cueillette aussi avait donné naissance à différentes légendes, rapportées de même par le Pseudo-Apulée : la mandragore en effet « ne pouvait pas être coupée par un instrument tranchant. Au moment de l'arrachage, la plante criait et celui qui l'arrachait ou qui entendait son cri en mourait. Il fallait donc la faire cueillir par un chien au moyen d'une corde qu'on attachait d'un côté à la plante, de l'autre au cou de l'animal. On mettait un morceau de viande à une certaine distance. En voulant prendre la viande, le chien arrachait la plante. L'herboriste devait avoir les oreilles bouchées pour ne pas entendre le cri. L'animal mourait, mais la plante pouvait alors être récupérée. »[27]

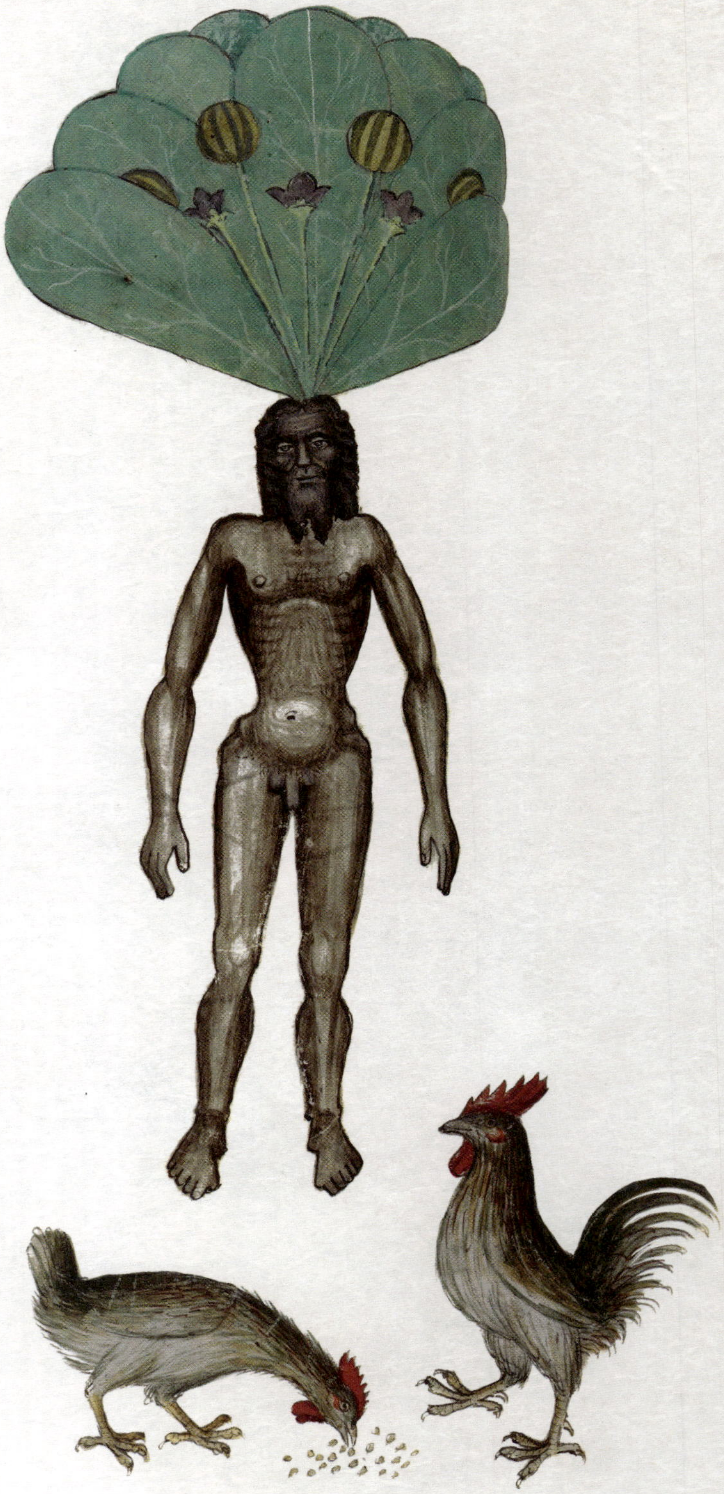

[25] Pseudo-Apulée, *Herbarius*, éd. E. Howald, H.E. Sigerist, pp. 79-80.
[26] Pseudo-Apulée, *op. cit.*, *Effectus herbae mandragorae*, pp. 222-225.
[27] C. Opsomer, *L'art de vivre en santé. Images et recettes du Moyen Âge*, Ans-Alleur, 1991, p. 58.

Les métaux et les minéraux

Il n'y a pas que des plantes parmi les simples. Même si leur emploi était bien moindre que celui des plantes, des métaux et des minéraux étaient aussi utilisés. D'autres versions de ce remède remplacent le fer rouillé par du blanc de plomb avec le même effet. Le seul métal évoqué par le manuscrit Sloane est la pierre d'alun (symbolisée par une figure de mineur, sans doute pour indiquer l'origine de la substance, utilisée comme cicatrisant : voir p. 48).

Médicinaire de Liège (XIVe siècle)

« Pour les brûlures et les plaies. Pour les brûlures prends les lis et cuis-les bien dans l'eau et lave-en souvent les plaies. Broie la rouille du fer qui tombe de l'enclume avec du miel, du vinaigre et mets-la dans la plaie et encore avec [cela] boire le fragon (la centaurée). »[28]

Les animaux

En feuilletant notre manuscrit, on constate qu'outre des plantes, les représentations animales sont également relativement nombreuses dans le manuscrit londonien : oiseaux et mammifères, animaux domestiques ou sauvages, indigènes ou exotiques. De nombreux reptiles sont également représentés, mais ils sont rarement identifiés.

Ces représentations peuvent avoir une valeur décorative. Si le chat entre dans certaines médications (dans des remèdes contre la podagre ou l'alopécie notamment[29]), le motif du petit félin chassant les souris est fréquent dans l'art médiéval (voir p. 64). La présence d'animaux exotiques peut quant à elle s'expliquer par un souci d'embrasser la totalité de la création tout en avivant la curiosité du lecteur. Mais de tels animaux entrent aussi dans les médications (initialement élaborées dans le monde méditerranéen, à partir de la faune indigène, ou d'animaux qu'il était relativement aisé d'acquérir).

Comme les plantes, exotiques ou indigènes, figurant parfois dans la pharmacopée depuis l'Antiquité, les animaux mentionnés dans les remèdes sont des oiseaux ou des mammifères domestiques ou sauvages. Un texte souvent associé à l'herbier du Pseudo-Apulée est d'ailleurs un *Liber medicinae ex animalibus* (*Livre de médecines tirées des animaux*), qui remonte au IVe siècle de notre ère.

---

[28] G. Xhayet, *Médecine et arts divinatoires*, Recette 120, p. 119.
[29] Laurence Bobis, « Des usages du chat dans la médecine de la fin de l'Antiquité et du Moyen Âge », *Milieux naturels ; espaces sociaux. Études offertes à Robert Delort*, Paris, Publications de la Sorbonne, 1997, pp. 717-728.

Page 56 : Haut gauche : lion. Haut droite : léopard. Milieu : lièvre. Bas : éléphant.
Page 57 : Haut gauche : grillon. Haut droite : grue. Bas gauche : abricotier. Bas droite : salamandre.
Page 58 : Gauche : sanglier.
Page 59 : Haut : aigle. Bas : araignée. Droite : oranger.

Leopardus qd arabice. humemet.

. Leo aĩal. qd arab. lesaet diat.

. Lepus siluestris.

Elephans siue elephante.
qd arabic alchyl.

.Griles. siue locuste.

.Grus.

Grissomilia q.
multi. barachochie.
appelāt aut molia
te.

Guarza .i. maria.
figanuz ⁊ salaman
dris.

Apium emoroydarū dy-
staticem appellat domi
am uran alij contrada.

Apios si
mebal
siue ra
agresti

. Aper siue uerrus.

Aprotanū qđ multi uocāt
craclam aut elicaton ō
aut berengesif aut besum.

.Aquilla.

.Arranges.

Aranea. q̃ grece spalan
gion dr̃. arabice
rutella.

Les remèdes peuvent requérir l'emploi d'animaux entiers, comme ce remède extrait du médicinaire liégois, censé lutter contre la stérilité féminine :
« Onguent à appliquer sur les reins. Ou pour concevoir : Prenez le lièvre, cuisez-le tout entier dans un four chaud. Ainsi vous en faites une poudre et la mélangez avec de la poudre de poivre et de la sarriette moulue avec de l'huile. Vous en faites un onguent et vous en frottez bien les reins et le ventre de la femme, ainsi elle concevra. »[30]

Les matières animales les plus prisées sont le lait et surtout le fiel. Cette dernière substance passe pour un remède réputé pour le traitement des oreilles et, appliqué en collyre, c'est un traitement efficace pour les yeux, comme le prétendaient déjà Pline l'Ancien, et avant lui, le Livre de Tobie dans la Bible :
« *Ad aurium dolorem. Fel uulpis in aurem cum oleo stillatur, mire sanat.* »[31]
« Pour la douleur des oreilles, instille du fiel de renard mélangé à de l'huile dans tes oreilles, cela soigne admirablement. »

D'autres substances étaient aussi utilisées, tel l'ivoire ou son substitut moins onéreux, la corne de cerf :
« Les raclures d'ivoire d'éléphant sont bonnes pour qui en boit : elles guérissent la jaunisse. Pour la femme qui a des règles trop abondantes, elles sont bonnes à boire. Et elles assèchent le col [de l'utérus] si elles le boivent après le bain. Ou du fromage avec du vin ou la corne du cerf brûlée avec du vin. »[32]

Les déjections d'animaux étaient aussi fréquemment utilisées pour les remèdes. C'est ce que l'on désigne comme de la médecine stercoraire (de *stercus*, excrément). Ainsi, la prétendue « Lettre d'Hippocrate à César » prétend soigner des tumeurs sur les mamelles par l'application de fiente de brebis : « a chancre des mamelles prenez de la fiente de brebis chaude et mettez [la] dessus ». Comme ces remèdes sont répugnants, il arrive que la recette propose un stratagème destiné à tromper la vigilance et le dégoût des patients sur la nature de la substance qui leur est administrée : « Pour la pierre de l'homme, conseille le recueil liégeois, donne-lui à boire de l'urine de bouc. Et à la femme, celle de la chèvre, [agis] en sorte qu'ils ne le sachent pas. »[33]

[30] Cité dans G. Xhayet, *Médecine et arts divinatoires*, pp. 133-135.
[31] Pline, XXVIII, 146, Tobie, VI, 9. G. Xhayet, *Médecine et arts divinatoires*, pp. 129-131.
[32] G. Xhayet, *op. cit.*, Recette 91, pp. 131-132.
[33] G. Xhayet, *op. cit.*, Recette 10, p. 81.

Autant, sinon davantage que les simples d'origine végétale, les remèdes sont censés agir par eux-mêmes sur base d'un subtil jeu de sympathies. Pour faire simple, on peut penser que l'on utilise les excréments desséchés de chats, additionnés de graines de moutarde et dissous dans le vinaigre, pour composer des remèdes contre l'alopécie, par référence à sa fourrure souvent bien fournie[34]. La valeur thérapeutique d'un animal peut aussi provenir de la charge symbolique, de l'imaginaire qui s'attache à l'animal et lui confère une vertu magique. C'est le cas de la grue (voir ci-dessous et p. 57), cet oiseau qui, par ses longues migrations et la faculté de vigilance permanente qu'on lui prête, fascine les médiévaux[35]. Divers de ses organes entrent dans les médications, telle celle-ci présente dans un manuscrit conservé à la BnF et daté du début du XIVe siècle[36] :

« *Por crancre oster […]. Autrement : pernez la teste de grue et les piez et les entrailles, et les sechiez dedenz un pot en un four, et pis en fetes poudre et pis en metez desus le cancre cescun jor un poi ; si le garra.* »

« Pour éliminer un chancre [tumeur, verrue, etc.] : prenez la tête, les pattes et les entrailles d'une grue, faites-les sécher dans un pot mis au four. Ensuite, réduisez tout en poudre, et, chaque jour, mettez un peu de cette poudre sur le chancre, ainsi, cela le guérira. »

Remède contre la paralysie

« Prends de la sauge et de la sabine et de la marjolaine et de la menthe noire et de la bétoine et de l'aigremoine, de la sarriette et de la pimprenelle, et le chardon et le fraisier broyés dans du vin et du poivre. Et tu donnes au malade à boire matin et soir […] »[37]

[34] L. Bobis, « Des usages du chat », tableaux, pp. 725-728.
[35] M. Pastoureau, *Bestiaires médiévaux*, p. 163.
[36] P. Meyer, « Recettes médicales en français publiées d'après le manuscrit BNlat. 8654b, *Romania*, 37 (1908) » n° 1, pp. 361-362.
[37] Médicinaire de Liège (XIVe siècle), trad. G. Xhayet, *Médecine et arts divinatoires*, p. 98.

Cette fascination pour des oiseaux quasiment considérés comme merveilleux se concrétise de manière plus explicite dans la *Médecine du Vautour*, dont on trouve de multiples traces dans les réceptaires, dès l'époque carolingienne et jusqu'au bas Moyen Âge (voir p. 55). Cette médecine a une lointaine origine, remontant à l'Antiquité, au temps de Pline l'Ancien (Ier siècle après Jésus-Christ). Elle concerne un oiseau considéré comme divin, par des traditions mésopotamiennes, égyptiennes et arabes préislamiques. Comme c'est souvent le cas, ces textes relatifs aux vertus médicinales du vautour sont anonymes, issus de traditions vraisemblablement égyptiennes. Faute d'auteur attesté, ils feront l'objet d'attributions aussi prestigieuses qu'improbables : Arétas, phylarque des Arabes, pour l'empereur Claude ; Bothros, roi (ou mage) des Perses, ou Theutris, prince arabe, pour l'empereur Tibère ; Alexandre, roi de Rome, pour la province de Babylonie. Des traditions germaniques croient y déceler la main de saint Jérôme, qui aurait découvert ce texte au Moyen-Orient, ce qui a pour effet de « christianiser » le texte et la tradition qu'il véhicule.

Comme souvent au Moyen Âge, le texte circule d'abord en grec et en latin, avant d'être traduit en langues véhiculaires. Une des (sinon la) premières versions en français apparaît dans le médicinaire liégeois déjà cité. La version dont on trouvera ci-dessous des extraits provient d'un manuscrit du XVe siècle de l'école de médecine de Montpellier.

« Préambule : le genre humain ne sait pas quelles vertus le vautour a en lui et comment il peut guérir toute créature. §1. Les os de la tête mis dans une peau de cerf ôtent le mal de tête et la migraine. §2. Sa cervelle mélangée avec de l'huile et instillée dans les narines expulse les malignités de la tête. §3. Ses yeux dans une peau de loup suspendue au cou évacuent les douleurs de l'œil. §5. Son fiel additionné de suc de fenouil, de marrube, d'huile de balsame et de miel donne un onguent pour les yeux, à appliquer matin et soir. §9. Ses poumons brûlés avec des orties et des écorces de malaguette et de rose en égale quantité sont à donner pour la fièvre. §12. Son cœur lié dans une peau de lion ou de loup fait fuir les démons et ensorcelle les brigands (« si tu as affaire à des brigands, ils t'adoreront ») §13. Ses plumes sont utiles pour beaucoup de choses. Si une femme ne peut être délivrée, il faut lui lier une plume au pied gauche, alors elle sera rapidement délivrée. Il faut lui enlever la plume aussitôt après avoir accouché, pour éviter que ses entrailles ne viennent par la suite. »[38]

Charmes et incantations

On se souviendra que pour les gens du Moyen Âge la frontière entre le rationnel et l'irrationnel, le réel et le merveilleux, le médicamenteux et le « magique », est loin d'avoir l'étanchéité qu'elle a de nos jours. Il reste donc à examiner un troisième type de

[38] Pour tout le développement et les références précises : G. Xhayet, *Médecine et arts divinatoires*, pp. 145-152.

« remède » présent dans les médications médiévales : les charmes et incantations. Un charme (du latin *carmen*, c'est-à-dire poème) est une formule toute faite, avec ou dépourvue de sens que l'on récite pour la faire « agir » ; c'est une injonction, à la différence d'une prière. Cette formule relève généralement d'une forme de « magie » chrétienne (ou christianisée). Elle s'inspire tantôt des textes liturgiques, tantôt d'un épisode de l'histoire sainte (cette dernière étendue aux Évangiles apocryphes, aux légendes des saints, etc.), pris comme exemple d'un cas heureux de guérison, et d'une actualisation à un cas particulier : celui du malade que l'on souhaite soulager. Des incantations. Là un accouchement périlleux, ici une fièvre (état comme on l'a rappelé « maladif »), diverses affections occasionnent préférentiellement le recours à des charmes : hémorragies, problèmes oculaires, infestations par les vers (y compris pour le bétail). La médecine incantatoire apparaît souvent comme une médecine de pauvres ou de la dernière chance pour des cas dont on désespère[39].

Un même livre de médecine peut rendre compte de remèdes médicamenteux aussi bien que de charmes ou d'incantations : face à la douleur ou à la maladie, toutes les armes sont bonnes. Un même recueil peut contenir les deux types de « remèdes », comme une même recette peut combiner emploi de simple et charme. C'est le cas de celle-ci, présente dans différents recueils de provenances très diverses, et censée aider une parturiente. Elle réclame pour sa mise en œuvre, outre la formule, du dictame, réputé efficace pour expulser le fœtus :

« Pour la femme en travail d'enfant, liez-lui cet écrit sur le ventre : "*Maria peperit Christum. Anna Mariam. Elizabeth Johanem. Cilinia Remigium*". Marie mit au monde le Christ, Anna [accoucha] de Marie, Elisabeth de Jean [le Baptiste], Céline de Rémi [saint Rémi de Reims, fils de sainte Céline]. À la suite, « Item, broyez du dictame et donnez-le lui à boire, elle enfantera. » Selon les cas, la phrase est accompagnée de la formule magique « *sator + arepo + tenet + opera + rotas* », ou du *Pater Noster*[40].

Le cerfeuil : test pour déterminer les chances de survie d'un blessé

« Pour savoir si un homme blessé en réchappera, donnez-lui à boire du jus de cerfeuil mêlé à du vin, s'il vomit le mélange, il mourra, et si non, il guérira. »[41]

---

39 Sur cette littérature, Edina Bozoky, *Charmes et prières apotropaïques,. Typologie des sources du Moyen Âge occidental*, n° 86, Turnhout, 2003.

40 Médicinaire namurois, éd. Jean Haust (*Médicinaire liégeois du XIIIe siècle et médicinaire namurois du XVe siècle, Ms. 815 et Ms. 2769 de Darmstadt*), Bruxelles, 1941, pp. 198-199.

41 Ms. BnF lat. 8654b, f33 n° 34, éd. P. Meyer, « Recettes médicales en français publiées d'après le Ms. BN lat. 8654b », *Romania*, t. 37 (1908), p. 364.

Le charme peut en outre s'accompagner d'un rituel, censé en augmenter la portée, tel celui-ci auquel on recourt, pour soigner une fièvre :

« C'est pour la fièvre. Pour la fièvre, prends une pomme, ainsi tu en fais trois morceaux et ainsi tu la fends transversalement et tu dis sur chaque morceau "*In nomine patris et filii et spiritus sancti. Amen.*" Et ainsi, tu traces une croix + et tu écris sur chaque morceau "*poro. pota. vero zebera. Maraim baraym. paraclytus spiritus vincit. Christus regnat, Christus inparat* [pour *imperat*, règne sur un empire]". Et pendant trois jours, tu donnes à manger un morceau au fiévreux, à jeun, et ainsi, il guérira. »[42]

Cette médecine des charmes et des incantations qui vaut pour les humains s'applique aussi à leurs chevaux et, plus largement, au bétail, comme en témoigne ce texte, extrait d'un recueil germanique du Xe siècle :

« Pour le ver. Si un homme ou un cheval ou un autre animal a ce ver qui est dit Talpa, prends-le et tourne-le vers l'est à la lune décroissante. Et pose ton pied droit sur son pied droit et dis-lui à l'oreille la phrase qui suit avec l'oraison dominicale [= le *Pater Noster*] et après la prière tourne-le vers la droite et dis à nouveau comme tu as fait auparavant, tourne à nouveau et fais une troisième fois comme tu as fait les deux fois précédentes sinon qu'à la troisième, tu ne dis pas dans l'oraison dominicale "mais délivre-nous du mal". Voici la phrase à dire : "*piupi et uripi inopia est acapere est*". Le bienheureux Job[43] était tenu par les vers. Par ce moyen que cet homme ou ce cheval blanc ou noir n'en ait pas. Ainsi le veuillent le Seigneur et sainte Marie et le bon Job. »[44]

On se souviendra cependant que le Moyen Âge s'étend sur un millénaire. Et l'exposé que nous venons de faire pourrait donner l'illusion d'une sorte de permanence tant en ce qui concerne les pratiques et les savoirs que les personnes qui les mettent en œuvre. Il n'en est rien. Pour mieux comprendre la portée du manuscrit *Tractatus de Herbis*, il convient de retracer le fil d'une histoire qui conduit jusqu'à lui.

[42] G. Xhayet, *Médecine et arts divinatoires*, pp. 176-178.

[43] Job est un personnage biblique, réputé très pieux et dont Dieu éprouva la foi en le jetant dans la misère et l'accablant de différents maux (dont la vermine).

[44] Éd. Ferckel (Chr.), « Medizinische Marginalien aus dem Cod. Trevirens. nr 40 », *Archiv für Geschichte der Medizin*, t. 7 (1914), pp. 129-143C.

Ci-contre : Haut gauche : taureau ou bœuf sauvage. Milieu gauche : buffle. Bas gauche : patte d'ours. Droite : bois de sappan.

Page 66 : Gauche : bourrache. Haut droite : gomme d'un arbre. Bas droite : bœuf.

Page 67 : Haut : cachalot « d'où est tiré l'ambre [gris] ». Bas : cumin des prés.

Page 68 : Haut : colchique d'automne. Milieu : primevère. Bas : *herba paralesis maior*.

aurus qõ bouis agreste siue arabice
bafare .
.Bubalis.
Brasilli siue ut
latini uerginum.
ancha ursina.

.Borax.dy.misc
serapion.iio m
.Bos.
.Borago.

. Cetus piscis unde.
fit ambra.

Ameos. dy. qd mlti cimi
num ethiopicum uocant.
aut basilicem

.hartetica sive
benedicta.
.herba paralesis mi. q di. or
pmule ueris uulga
ris.
.harmel . .dr et no
minatur moli ramb
tis ruc am sil uc
stre ra gma
dica.

Chapitre 3

Se soigner par les plantes au temps de la médecine monastique

(VIe-XIIe siècles)

Se soigner par les plantes au temps de la médecine monastique (VIe-XIIe siècles)

Pour qui s'intéresse à la médecine du Moyen Âge, les monastères s'imposent comme une première étape obligée. La « médecine monastique » est en effet reconnue comme la première forme de médecine de l'Occident médiéval, surtout pour le haut Moyen Âge, jusqu'au XIIe siècle environ. À cela plusieurs raisons, liées tant à la place réservée par la religion chrétienne aux pauvres et aux malades, désignés comme des faibles (*infirmi*) qu'au rôle des monastères dans le haut Moyen Âge occidental.

Le monastère, un lieu dédié à la médecine

Plusieurs éléments se conjuguent alors pour faire de l'Église un lieu dédié à la pratique médicale. D'un point de vue doctrinal, on retiendra que, si la maladie passe pour un châtiment envoyé par Dieu aux hommes en raison de leurs péchés, la médecine et la guérison apparaissent, quant à elles, comme des effets de la miséricorde divine. Le Moyen Âge développe aussi l'image du Christ médecin qui guérit et sauve le malade pécheur et légitime ainsi l'activité médicale. La charité intervient également. Elle repose sur l'idée d'une fraternité entre les hommes, considérés par le christianisme comme étant tous fils de Dieu, et de son corollaire, le devoir d'entraide et de secours mutuel qui leur incombe.

Cet effort s'incarne dans les figures de deux martyrs du IVe siècle, Côme et Damien, deux frères qui, par charité chrétienne, pratiquaient la médecine « sans accepter d'argent ».

Cerasia. sap. aut
ceresia.
cera citrina.
domesticę.
icę. basal.
basale uel
sal.

Canonisés, ils deviendront les modèles de la médecine pratiquée par charité. À partir du XIIe siècle, des restrictions canoniques mises à la pratique de la médecine et de la chirurgie par les moines, de même que l'énonciation d'exclusives morales au traitement de certains patients restreignent l'activité médicale des moines. Elle ne cessera cependant pas, mais se réorientera souvent vers la pharmacie.

Un lieu de diffusion des connaissances

D'autres raisons sont plus structurelles. Née dans le contexte de l'Empire romain, l'Église survit à sa débâcle, en Occident, à partir du IIIe siècle. Au cours des siècles suivants, elle se profile comme un milieu organisé et un lieu de savoir, à la fois lieu de conservation (notamment pour les bribes de savoir antique) et lieu de diffusion des connaissances, via ses écoles, monastiques ou cathédrales. Durant le haut Moyen Âge sont en effet édifiés de grands complexes monastiques qui s'affirment comme des lieux de prières, mais aussi des lieux de vie. À partir des VIIIe-IXe siècles, les souverains carolingiens reconnaissent l'importance des monastères de l'Empire dont ils font les lieux attitrés pour la formation du personnel auxiliaire de leur pouvoir. Non que tout praticien laïc ait disparu, ces dispositions concourent à faire des monastères des dispensaires de soins. Parmi ces centres, d'où ont été conservés d'importants manuscrits médicaux du haut Moyen Âge, on citera le Mont-Cassin, berceau du monachisme occidental, en Italie, ou dans l'Empire, Lorsch, l'île de Reichenau sur le lac de Constance, et non loin de là, Saint-Gall.

Un document particulièrement important – et très célèbre – nous est parvenu à propos de cette dernière abbaye. Vers 820, au moment où un projet de réédification existe à propos de ce monastère, des moines de Reichenau établissent pour la communauté de Saint-Gall un plan pour une abbaye modèle.

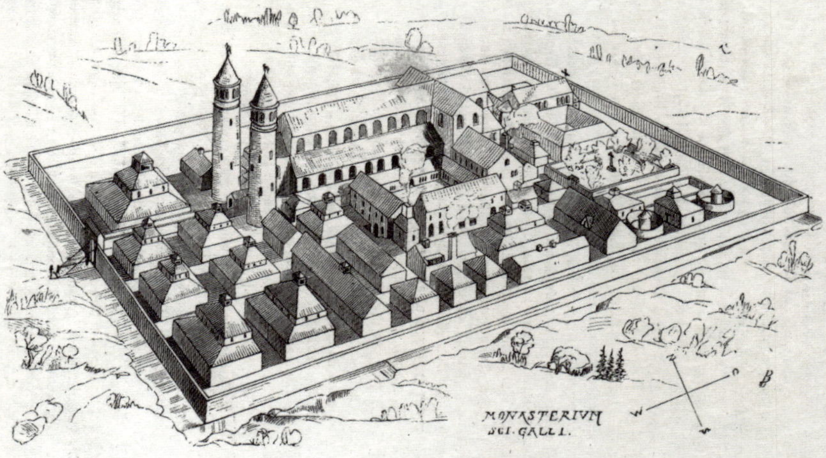

* Kloster Sanct Gallen nach dem Grundrisse vom Jahre 830. (Lasius).

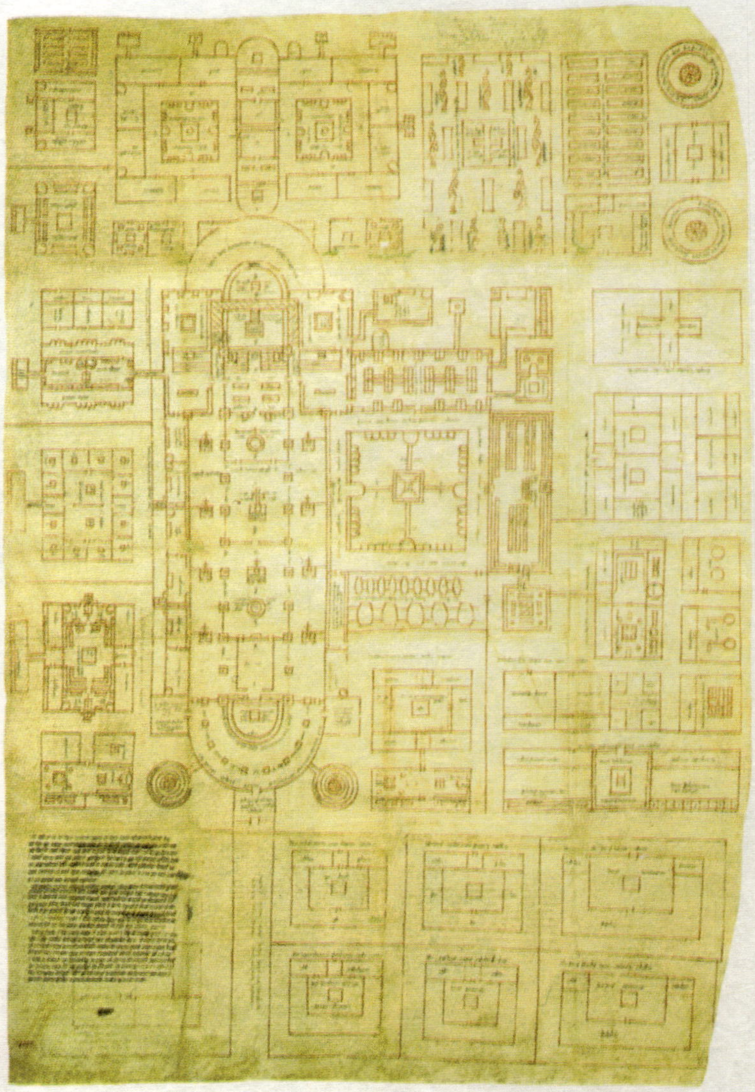

Page précédente : Gauche : oignon. Milieu : cire. Droite : cerisier.

Ci-dessus : Haut : reconstitution des élévations de l'abbaye Saint-Gall d'après le plan du IXe siècle, Johann Rudolf Rahn (1876). Bas : plan de l'abbaye Saint-Gall au IXe siècle (St Gallen, StiftsBibliothek, Ms. 1092).

Ci-contre : Haut gauche : coriandre. Bas gauche : corne de cerf. Milieu : fruit du cornouiller, corbeau. Droite : costus.

.Coriandru alio noie alcorbosar. ul' alcosu libar uel castor. l' diabora ul' pitratimuz appellatur.
.Cornec. q. dy. carnea. a. cornule. i conlui uocant.
.Coruus.
u ceru.
Costus .siue cust uel costa.

Ce plan, qui existe toujours, est conservé au sein de la bibliothèque abbatiale de Saint-Gall. Il montre les lieux de culte et de vie des moines (cloître, église, dortoirs, etc.) mais aussi différents ateliers, lieux d'études, ainsi que des lieux pour les soins aux malades. Tout un quartier du complexe leur est réservé. C'est un monastère en réduction avec une chapelle et un cloître. C'est aussi un espace tenant de l'hôpital tel que nous le concevons : lieu d'hébergement et d'administration des soins.

Les religieux qui y résident sont soit des malades, soit des moines âgés pour lesquels l'infirmerie fait un peu office d'hospice, avec un régime de vie adouci par rapport à celui du reste de la communauté. On y trouve un dortoir pour les patients, un espace de résidence pour les médecins (*domus medicorum*), une armoire (ou un lieu de conservation et, certainement aussi, de fabrication des remèdes). On y observe aussi une salle où pratiquer la saignée, ainsi que des bains. Hérités de l'Antiquité, les bains sont perçus comme une thérapie, et leur usage est réservé aux malades. Enfin, en lien avec la pharmacie (ou *armarium pigmentorum*), apparaît un jardin de simples. Celui-ci est dessiné sous forme de rectangles de terre séparés les uns des autres par des sentiers.

Chaque rectangle est dévolu à la culture d'une plante ou d'un arbuste précis. Seize sont désignés : lys, rosiers, haricots grimpants, sarriette, tanaisie, balsamite, trèfle, romarin, sauge, rue, glaïeul, pouliot, deux variétés de menthe, cumin, livèche, fenouil. Rien n'empêche de penser que ce plan ne répertorie qu'un échantillon des plantes utilisables, parmi un éventail plus large. Des documents contemporains permettent d'élargir à d'autres variétés l'éventail des plantes cultivées pour l'alimentation ou la composition de remèdes de ce temps. Vers la même époque, l'abbé de Reichenau, Walafrid Strabon décrit son « petit jardin » (*hortulus*), riche de vingt-trois sortes de simples, certains présents sur le plan de Saint-Gall (sauge, rue, livèche), mais d'autres n'y figurant pas : melon, aurone, bétoine, achillée millefeuille, radis, aigremoine, absinthe, etc.

Ci-contre : Haut : bette. Bas : cotonnier.

ctus q dicitur
iudaicus .

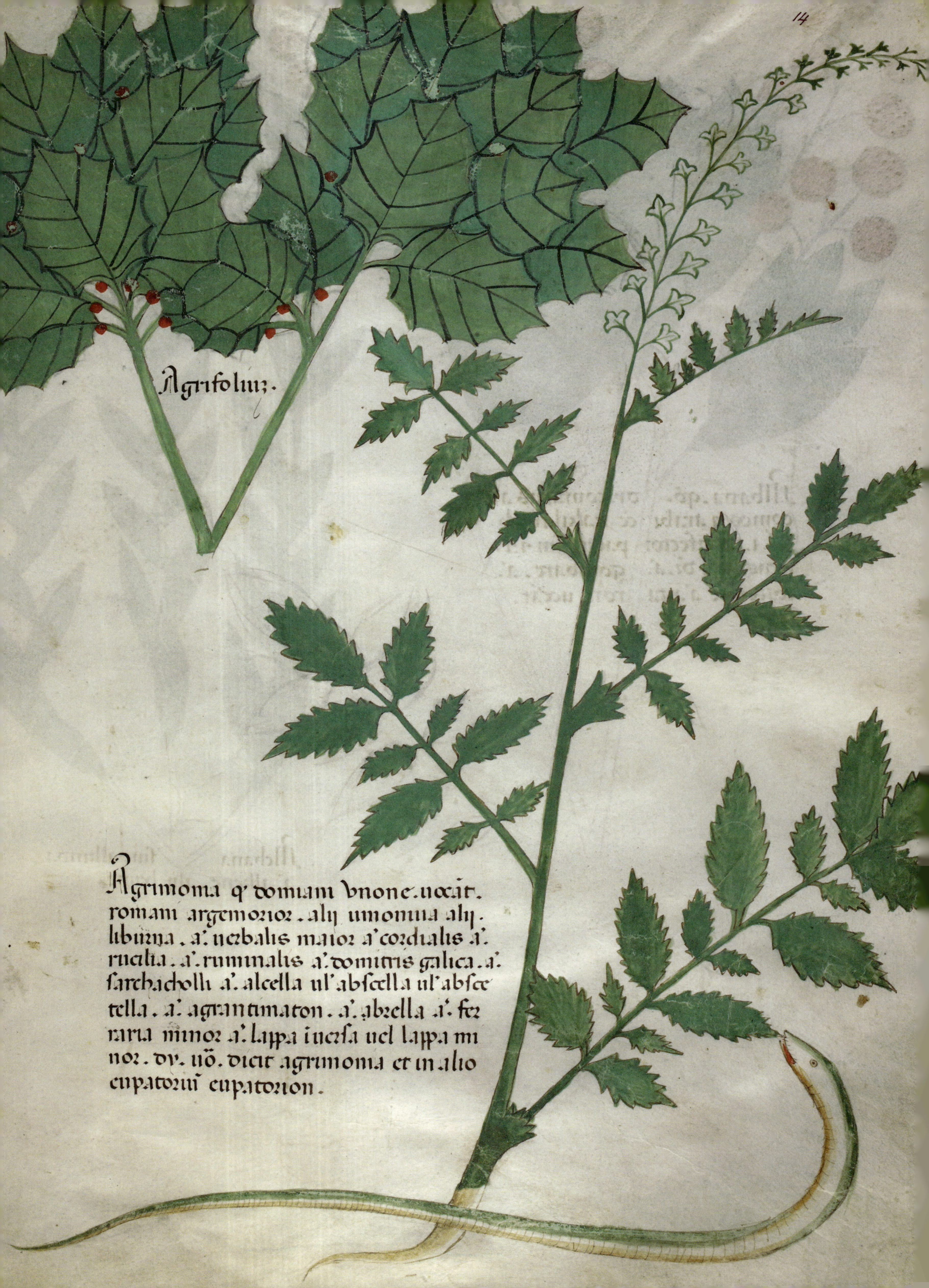

Agrimonia q' domiam vnone. uocat'. romani argemonior. alij uimonima alij. liburna. a'. uerbalis maior a' cordialis a'. ruealia. a'. ruminalis a'. domitris galica. a'. sarchacholli a'. alcella ul' abscella ul' absce tella. a'. agrantimaton. a'. abrella a'. ferraria minor a'. lappa incisa uel lappa minor. dy'. uō. dicit agrimonia et in alio eupatoriū eupatorion.

Libanotidis. dy. tres
sunt spẽs.

Lilium. aliud do
mesticũ. aliđ silue
stre q. dy. leana uo
cat. gẽa cormon. a.
agalius. a. norcus.
lilii. siluẽ gerit flo
rẽ croceũ. domesticũ
ũo albissimũ qđ
efficatius ẽ.

La sauge et le jardin de Strabon

« [...] *d'un parfum doux, elle est pleine de vertus et salutaire comme boisson. Elle s'avère efficace dans le soulagement de nombreux maux : elle a bien mérité d'être toujours parée d'une éternelle verdure.* » Comme souvent au Moyen Âge, des considérations morales se glissent derrière des descriptions de la nature, des plantes ou des animaux. Walafrid Strabon ajoute qu'il faut couper les rejets de la plante car « *si on ne les anéantit pas, ils vont jusqu'à étouffer de façon cruelle la plante mère, faisant périr l'ancienne souche par jalousie cupide* ». La tenue du jardin est gratifiante mais c'est aussi une tâche éprouvante : « *[nulle part le jardin] ne te refusera de produire du fruit et cela aussi longtemps que tes soins ne s'affaibliront pas en une indolence paresseuse, [...] à condition que tu ne rechignes pas à laisser tes mains calleuses brunir sous le mauvais temps et le vent [...]. Ce n'est pas seulement la lecture des livres des anciens qui me l'a appris, mais ma propre expérience dans le travail et l'application que, jour après jour, je préférais aux loisirs.* »

Extrait de Timo John, *L'île monastique de Reichenau sur le lac de Constance. Berceau de la culture occidentale, patrimoine mondial de l'Unesco*, Beuron, 2006, pp. 38-39.

Les savoirs et le savoir-faire médical

Ce que nous savons du savoir et du savoir-faire médical de cette époque est certainement fort lacunaire. Une grande partie qui se transmettait sans doute oralement est perdue. Ce qui a été mis par écrit et conservé dans des bibliothèques a pu nous parvenir et est tout ce qui nous reste. Parmi ce peu, on relève des manuels de médecine qui donnent des informations sur les maladies et leurs traitements, des herbiers, et en particulier celui établi par Dioscoride, des encyclopédies qui contiennent des données utiles sur le corps et l'art de guérir, telles les *Étymologies* de l'évêque de Séville Isidore ou, l'*Histoire naturelle* de Pline l'Ancien (Ier siècle après Jésus-Christ). Une part de ses contenus porte sur les remèdes (avec une grande part de magie). Elle constituera au Moyen Âge la base de traités sur les vertus médicinales des animaux et des végétaux, connus sous le nom de *medicina* et de *physica Plinii*.

De l'abbaye de Saint-Gall, on conserve aussi un curieux document, daté du IXe siècle, qualifié par son éditeur moderne de « vade-mecum de médecine ». En effet, s'il se présente comme un manuel de pratique médicale permettant – dans les limites qui sont celles des connaissances du temps – de diagnostiquer les affections et de proposer des remèdes adéquats, il s'ouvre sur un jeu de questions-réponses à propos de la saignée, à la manière d'un catéchisme. Nous y verrons un probable reflet d'un

Page 76 : Gauche : houx. Droite : aigremoine.
Page 77 : Gauche : libanotis. Droite : lys blanc.
Ci-contre : Gauche : sauge. Droite : jasmin d'Arabie.

. Sambucus . dr . actis .
ul' actidisse dr . ar . Jo
cha dicit .
. Salvia q grco noie elisfa gus dr . i . aly.
asion . a . beden . aly . aelifatos a .
alespacula .

enseignement médical dispensé sur place : « Qu'est-ce que la phlébotomie ? – Réponse : c'est l'incision droite pour provoquer un écoulement du sang. Comment pratiquons-nous la saignée ? – Réponse : il y a trois manières de procéder : à la veine céphalique, à la veine médiane, ou à la veine hépatique. » Suivent ensuite des indications sur l'origine de ces veines et les précautions à prendre en maniant la lancette. « La veine céphalique a son siège dans la tête et est posée sur le muscle. [...] Si cette veine est maladroitement incisée, ou si le muscle qui est sous la veine est touché, il se forme un abcès sous la peau. Par mégarde, ce muscle se rompt ou se troue et cela conduit à la mort [...]. »[45]

Les grandes abbayes bénédictines produisent aussi des recueils de recettes, des antidotaires comme des réceptaires. De nos jours, quelques-uns de ces très vieux textes, copiés au IXe ou au Xe siècle et qui ont ainsi traversé les siècles, sont précieusement gardés dans les bibliothèques. À Bamberg, est ainsi conservé un réceptaire provenant de l'abbaye de Lorsch. Daté de 800, il est le plus ancien manuscrit de médecine monastique subsistant de nos jours. Mais il en reste aussi à l'abbaye de Saint-Gall ; certains provenant de l'île monastique de Reichenau sur le lac de Constance sont à Karsruhe, et il en existe aussi à Trêves, ou encore au Vatican. Ces textes rares ont été édités et commentés, ce qui facilite leur compréhension car ils posent d'importants problèmes de lecture et de langue, sans parler des identifications problématiques de nombreux produits mentionnés.

Recette pour calmer la toux
(début XIVe siècle)

« Pour la toux sèche, détrempez des semences d'ache [= céleri sauvage] et de fenouil dans du vin blanc, et ainsi, vous le buvez à jeun. »[46]

Nombre d'ingrédients recommandés par des médecins helléniques sont devenus difficilement trouvables par des communautés monastiques situées au pied des Alpes. Un antidote utile pour lutter contre divers maux et copié à Reichenau réclame par exemple pour sa préparation l'emploi d'acore, de cardamome, de « *costus* », de castoréum, d'euphorbe, de pyrèthre, de nard, de graines de daucus, de rue, de fenouil, de la *cassia fistula*, des roses, du pavot, du safran, du gingembre, de l'ache, de la jusquiame, du persil, deux variétés de baumier, fenouil des Alpes, du poivre blanc, et « du miel attique autant qu'il en faut ».

45 Peter Köpp, *Vademecum eines frühmittelalterlichen Artztes*, Aarau, Franckfort, Salzbourg, 1980, p. 252.
46 Ms. 23 de la bibliothèque municipale d'Évreux, f. 163 v°, éd. P. Meyer, Ch. Joret, « Recettes médicales en français publiées d'après le Ms. 23 d'Évreux », *Romania*, t. 18 (1899), p. 573, n° 15.

Page 81 : Haut gauche : aconit anthore. Haut droite : trois variétés d'ache.

Apium coe. qd' gca. selinon uocat. aly. barsi. aly abelcarasis a' capsi.
Anthora.
m reninu seu
nu. qd'. dr. apui.
ste aly. piper apiu.
nt.
Apium risus qd. dr. botrachion dixit domi.amichoras aly. ap pio rustico a'. scelerata. a'. statice thusamlion liby ar limon. a'. catalitice a'. effistion scelinon agrion egipty.
clorosis aly. thicoris. a'. rusce a'. licopni siculi

.C.apfolui. a' diait
matersilu.i. s' nō
a'. ouola uocat.
.Cardamonum:. ali
ul' hel. uel bilbane

Comme nous l'avons souligné plus haut, ces *antidota* antiques conservent aux yeux des moines tout leur prix. D'où le soin pris à les recopier, y compris en ce qui concerne les indications de dosage, exprimées selon la métrologie grecque en drachmes ou en onces. Une part du prestige et – peut-on penser – de la confiance qu'ils doivent inspirer, provient des noms célèbres qui leur sont attachés. Leur invention est souvent attribuée à des personnages importants (Hippocrate, l'empereur romain Hadrien, etc.) qui en deviennent les garants de la qualité. Quant au dédicataire, il s'agit souvent d'un prince à l'intention de qui le remède aurait été inventé.

Les remèdes présents dans les antidotaires carolingiens sont ainsi, suivant les cas, attribués à l'empereur romain Hadrien ou à César pour ses troupes. On peut de même lire une fort improbable lettre qu'Hippocrate aurait, par-delà les siècles, adressée à Mécène, contemporain et proche de l'empereur Auguste. Enfin, une incantation contre la pierre (calculs aux reins ou à la vessie) nécessitant l'emploi d'un serpent doit sa notoriété à Alexandre le Grand qui l'aurait inventée, et transcrite de sa main, à l'intention de sa mère Olympias[47]. Les *antidota* sont en outre dotés d'un nom qui les individualise et permet de les retrouver, avec l'une ou l'autre variante, dans chaque recueil qui les propose. Outre le nom du destinataire ou de l'inventeur présumé, l'appellation de l'*antidota* pourra dériver d'un de ses ingrédients principaux. L'onguent *dialthea*, par exemple, est fait à base de guimauve (d'après le nom grec de la plante *althaia*). Le *diamargariton* tire son nom de *margarites*, « perle » en grec (ou *margaritis* en latin[48]).

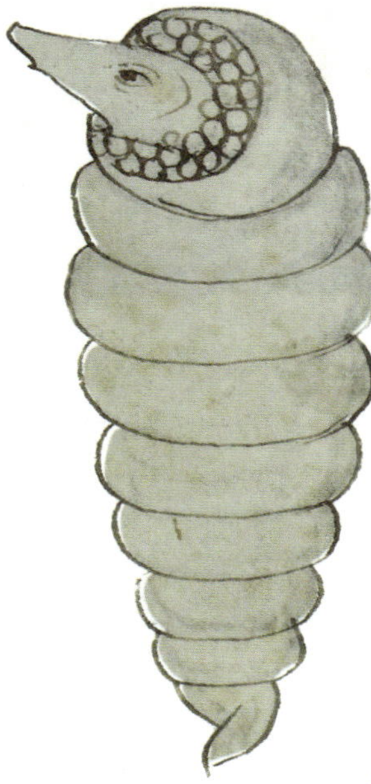

47 Zingerle (I. V.), « Recepte aus dem XII Jahrhundert », *Germania. Vierteljahrsschrift für Deutsche Alterthumskunde*, Wien, 12e année (1867), pp. 463-469 (p. 468).

48 Il y avait aussi une plante nommée en grec *margaris*. J. André, *Lexique des termes botaniques en latin*, Paris, 1956, pp. 291-292.

Ci-dessus : Mollusque perlier.
Ci-contre : Gauche : chèvrefeuille. Droite : cardamome.
Page 84 : Gauche : châtaigne. Droite : castoréum.
Page 85 : Gauche : canéficier. Droite : cannelier de Chine.
Page 86 : Gauche : coquelicot. Droite : pariétaire officinale. Bas : moineaux.
Page 87 : Haut gauche : millet. Bas gauche : panthère. Droite : pavot.

. Castanee.

. Castoreum. alio noie asustilb

.Cassia fistula.
.Cassia lignea. alio
nie yllocassia. ul' ca
siringa ul' belleta.
BRITISH MUSEUM

.Papirus.

.Papauer rubeu̅. alio noīe dr̄ rosa regis. arabice.
rabach. alma. hamen. alij gichach. dr̄. ūō.
anemonis dic̄.

.Paritaria. dr̄. alsinen alio noīe
dr̄. uitriola. aut uitraria .i.
uictoriola 7 muralem .i.
camailarez. 7 aratis arago.
et ostriago h̄ba uenti ul' sc̄ti lau
renty 7 samcl'a.
pditualis ul' pditiadg.
ul' pdition ul' pthunio.
7 siderictis 7 eraclia. et
qstin agreste. 7 libatia 7 polio
minon.

.Passer. qr. ābic. aliartan dr̄.

. Panicum. q. arab luires .

Papauer albũ ul' nigrũ .

. Panthera .

Antidote diacalamentis, provenant d'un antidotaire copié à Reichenau (IXe siècle)

« Antidote *diacalamentis*[49], qui vaut pour la digestion de l'estomac, pour le mal de cœur, qui dissout le phegme descendant de la tête dans la poitrine, qui soigne le foie, atténue la dureté de la rate, dissout les calculs, fait uriner, et stimule les règles des femmes. Galien dit de ce remède qu'il est si sain qu'il peut assainir un homme pour de nombreuses années. Prends ces choses : six onces d'herbe à chat, six onces de persil, six onces de seseli[50], une once de pouliot, six onces de poivre noir, six onces de livèche, une once de thym, une demi-once de semence d'ache, et ce qu'il faut de miel. »

Au fil du temps, quelques-uns de ces antidotes ont acquis une renommée considérable. C'est certainement le cas des très célèbres thériaques qui tirent leur appellation du nom grec *thêriakos* (qui concerne les bêtes sauvages). Une thêriaquê désigne un remède efficace contre la morsure des bêtes sauvages. Elles sont d'abord utilisées comme contrepoison, ensuite comme panacée. Leur invention est attribuée au roi Mithridate, un souverain proche-oriental des IIe-Ier siècles avant Jésus-Christ, réputé s'être prémuni des risques d'empoisonnement par l'absorption quotidienne de produit toxique, pris à faible dose. Mais elle est en réalité plus ancienne. On connaît ainsi les thériaques de Nicandre de Colophon, médecin du IIIe siècle avant Jésus-Christ. Au Ier siècle de notre ère, les recettes se sont enrichies de chair de vipère, ce qu'a approuvé Galien dans les deux livres qu'il a consacrés aux thériaques à Pamphile et à Pison[51]. Avec ou sans adjonction de vipère, des recettes de thériaques se retrouvent dans les grands recueils constitués au haut Moyen Âge. Telles ces recettes extraites de l'antidotaire de Reichenau[52] :

« Antidote *pentadeos* ou thériaque : agit contre tout poison des serpents ou morsure de chien enragé ou de salamandre et de rat, morsure d'araignée, de crapaud et de scorpion, [...] ou celui qui boirait le venin ou serait percuté par un javelot empoisonné. Les ingrédients requis pour sa préparation sont l'aristoloche, la

---

[49] Éd. H. Sigerist, *Studien und Texte zur frühmittelalterlichen Rezept-literatur*, Leipzig, 1923 (*Studien zur Geschichte der Medizin*, 13), p. 43.

[50] J. André, *Lexique des termes botaniques en latin*, Paris, 1956, pp. 291-292.

[51] Sur ce développement, Véronique Boudon-Millot, « La vipère chez les médecins et pharmacologues grecs anciens : meilleure ennemie de l'homme », dans N. Palmieri (dir.), *Conserver la santé ou la rétablir, le rôle de l'environnement dans la médecine antique et médiévale*, Publications de l'université de Saint-Étienne, 2012, pp. 275-293.

[52] Éd. Sigerist, *Studien und Texte*, pp. 47, 54.

Ci-contre : Gauche : souchet. Droite : cyprès commun.

. Cipressus siue assarsal .

. Ciprus .

Pes poranus . ca
put monaci . ro
strũ poranũ
Petroselinũ qđ alio
nomine trianen et est sarmo
sapion dic̃ . due sũt
domesticũ . et silvest
. Pes nitili . sp̃es est
aaron . que gicarus .
appellatur .
BRITISH MUSEUM

gentiane, la myrrhe, des baies de laurier, des graines de rue, miel. »

Et cette autre : « Antidote *thiriacum climation*. Expérimenté par nous dans de nombreux cas. Très puissant pour résister contre tous les *venena* et toutes les maladies vénéneuses, c'est-à-dire les morsures de serpent, et piqûres d'un animal venimeux ou de scorpions ou les potions mortifères, etc. Parmi les simples requis pour sa préparation figurent le pouliot, l'aristoloche, la gentiane, les graines de saxifrage, la centaurée, l'aigremoine, les graines d'ache, d'aneth, le séseli, le crocus, la bétoine, les bettes, l'origan, la racine de serpentaire, la véronique, du poivre, du cost, du miel. »

Au bas Moyen Âge, on retrouvera la thériaque dans des réceptaires, notamment pour étalonner la qualité d'autres antipoisons, autant ou moins (mais pas plus) puissants qu'elle. Une version de la *Lettre d'Hippocrate à César* comporte cette notice[53] : « Contre tout poison : cuisez du lait de chèvre ou de la semence de chanvre, jusqu'à sa réduction au tiers. Et faites-le boire à trois reprises. Il n'y a d'aussi bonne médecine, à l'exception de la thériaque [déformée en « triacle »]. » Une recette provençale de la fin du XIIIe siècle confirme de même que « La thériaque est plus [puissante] que les autres [antipoisons] : elle est bonne contre la morsure de serpent, et de chien enragé et de toute autre bête. Quand tu voudras la donner, détrempe-la avec du jus de menthe et donne-la à boire et, dessus la blessure tu en fais un emplâtre. »[54] La réputation de puissance de la thériaque était en réalité très solide. Avec des variantes dans sa composition, ce vieux médicament d'origine grecque s'est en effet conservé dans la pharmacopée européenne jusqu'en plein XIXe siècle.

Dans les abbayes carolingiennes, la médecine savante héritée de l'Antiquité coexiste néanmoins avec des remèdes d'origine moins assurée, qui pouvaient se rattacher à des traditions orales locales et ne réclamer pour leur préparation que des produits du cru. Ce sont les *parabilia*, ces remèdes bon marché dont il a déjà été question. Pour rester dans le cadre des empoisonnements, nous

53 T. Hunt, *Old French medical texts*, p. 67, n° 169.

54 P. Meyer, « Recettes médicales en provençal d'après le manuscrit R. 14.30 de Trinity College (Cambridge) », *Romania*, t. 32 (1903), pp. 268-299 (p. 279).

Ci-contre : Haut gauche : pissenlit. Bas gauche : gouet tacheté. Droite : persil.

citerons une série de trois recettes d'émétiques à administrer à des personnes ayant absorbé un *venenum* (un poison) ou ayant été piquées par un animal venimeux :
« Pour ceux qui ont reçu du poison ou des *maleficia* ou des champignons vénéneux, tu broies la rue avec sa graine et tu la détrempes dans du vin salé. Tu donnes à boire. De même qu'il mange beaucoup de radis avec du miel jusqu'à la nausée et ainsi qu'il provoque le vomissement. De même qu'il boive trois drachmes de bétoine dans trois coupes de vin, il rejettera le poison. De même, pour celui qui est en danger à cause des champignons. Qu'il boive assez souvent du jus d'absinthe dans du vinaigre et il est [libéré] du danger. »[55]

Parmi les nombreuses questions que posent ces recueils, il en est une qui concerne le choix de tel ou tel remède parmi l'éventail de tous ceux proposés. Peu d'éléments permettent de se prononcer. Le critère du coût jouait son rôle. Pour s'en convaincre, on se souviendra d'une prescription de l'abbé de Corvey, Wibald de Stavelot, qui s'accompagne d'une rigoureuse analyse qualité-prix : « Nous vous avons envoyé un antidote contre le froid de l'hiver. Ce sera du diacalamentis qui, malgré son prix peu élevé, est cependant aussi efficace que le diamargariton, comme l'affirme notre Ardenne démunie. »[56]

Les moines-médecins

La médecine de ce temps est appelée médecine monastique. Les praticiens qui officient dans les infirmeries sont des moines profès, des « moines-médecins ». Il arrive même qu'il s'agisse de l'abbé. Qu'il s'agisse de lui ou d'un autre membre de la communauté, l'abbé a de toute façon un droit de regard sur les actes médicaux qui sont posés sur les membres de la communauté (il autorise ou non l'administration de remèdes ou le recours à des actes médicaux, comme la saignée). Cette mission sur les corps s'inscrit dans le champ global de sa responsabilité sur le sort de ses ouailles. Les moines praticiens apparaissent en outre comme des médecins, des chirurgiens et des pharmaciens. Selon toute vraisemblance, ce sont eux aussi qui initient à l'exercice de la médecine ceux qui y sont destinés.

55 Deuxième réceptaire de Saint-Gall (IXe siècle), éd. J. Jörimann, *Frühmittelalterliche Rezeptarien*, p. 53.
56 Traduction : C. Opsomer dans *Wibald abbé de Stavelot-Malmedy et de Corvey*, Stavelot, 1980, p. 53.

Ci-contre : Noix et noyer.

. Nux. siue nuabus.

Ison de Saint-Gall

La médecine requiert de ceux qui l'exercent des connaissances théoriques, associées à une habileté manuelle. Au IXe siècle, la médecine est intégrée dans le cursus des études du moine carolingien. Et, d'une manière générale, pour le peu que nous savons d'eux, ces moines-médecins se profilent comme des lettrés. L'un d'eux, Ison de Saint-Gall, est écolâtre (c'est-à-dire maître d'école ou directeur d'études) de ce monastère. Son bagage intellectuel lui a permis d'apprendre « comment composer des onguents complexes ». Dans les centres monastiques importants, des assistants du médecin prennent en charge certains actes techniques : tel le barbier qui pratique la saignée, incise les abcès, rase et tonsure les moines. L'infirmerie dépend d'un *infirmarius*. Éventuellement assisté de quelques serviteurs, il assure les tâches hospitalières et l'administration des remèdes. Lui-même ou encore un autre entretient le jardin.

Notker

La mémoire de quelques moines-médecins est venue jusqu'à nous. Rendons-nous à nouveau à Saint-Gall, pour y rencontrer cette fois Notker, second du nom, surnommé le Médecin (*Notker der Arzt*). Nous ne savons pas grand-chose de ce moine, sinon qu'il provenait d'une importante famille de Souabe (elle fournira d'ailleurs plusieurs religieux et abbés à ce monastère), et qu'il mourut le 12 novembre 975. Signe que la médecine faisait alors partie de la culture la plus raffinée de ce temps, outre par cette discipline, Notker « der Arzt » s'est aussi illustré, tant au sein de sa communauté qu'à la cour de l'empereur Othon Ier, comme écolâtre, peintre et poète[58].

Hildegarde von Bingen

Toujours en Allemagne, on ne peut éluder l'une des personnalités les plus remarquables de ce temps, en la personne d'Hildegarde von Bingen. Le parcours d'Hildegarde est bien connu. Née en 1098 dans une famille noble de Hesse, Hildegarde est sujette à des visions dès sa petite enfance, qui la prédestinent en quelque sorte à l'état religieux. Reçue comme oblate (enfant consacré à Dieu et « donné » à un monastère) à l'âge de 8 ans au monastère de moniales de Disibodenberg, elle y prononce ses vœux à l'adolescence et en devient abbesse en 1136. Plus tard, Hildegarde fonde une communauté sur le Rupertsberg, près de Bingen sur le Rhin. C'est là où elle meurt en 1179.

Remède pour briser la pierre

« Prends la racine du poireau avec du grémil, et cuis-les bien dans de la vieille cervoise (bière sans houblon) ou dans de la douce ou dans du vin, et donne-la à boire au patient. C'est un remède éprouvé. »[57]

[57] Recette issue d'un recueil anglo-irlandais du XIVe siècle. T. Hunt, *Popular medicine in thirteenth-century England*, Cambridge, 1990, p. 231.

[58] Sur ce personnage, Notker des Arzt. *Klostermedizin und Mönchsarzt im frühmittelalterlichen St. Gallen*, St Gallen, 1975.

Hildegarde est une figure fascinante : élevée par le pape Benoît XVI au rang de docteur de l'Église en 2012, c'est une théologienne mystique. C'est aussi une musicienne, une poétesse, et l'auteur de deux traités à caractère médical. L'un est un *Livre de médecines composées* (*Liber compositae medicinae*), appelé souvent *Causae et curae*. Sur le canevas intellectuel du temps, l'ouvrage est un traité de médecine savant, avec un effort d'explication quant à l'origine des maladies et des suggestions de remèdes. Mais les *Causae et curae* sont aussi bien plus que cela. Le traité d'Hildegarde revêt un caractère encyclopédique, profondément empreint de pensée chrétienne. Hildegarde s'intéresse à Dieu et à l'Univers tout entier. Elle parle des astres, des phénomènes atmosphériques (la pluie, la foudre, la neige, les vents, etc.), de la mer et des eaux douces. Elle évoque la création de l'homme (Adam) et comment la vie lui a été insufflée, etc. Les *Causes et les remèdes* proposent une tentative d'explication globale à l'agencement du monde. L'homme s'insère dans ce monde avec ses caractéristiques propres, au nombre desquelles apparaissent ses infirmités physiques et ses émotions, jugées sans complaisance. Ainsi, si les hommes souffrent de maladies, c'est « à cause du phlegme qui abonde en eux. Cependant, ajoute-t-elle, si l'homme était resté au Paradis, il n'aurait pas eu de phlegme source de maladies, dans le corps, mais sa chair aurait été intègre et sans malignité. »[59]

« Pourquoi l'homme n'est pas couvert de pelage, il y a une raison à cela qui vaut pour les poils et les plumes grâce auxquels il se couvrirait et volerait s'il le voulait. Mais l'homme a de la barbe et plus de poils sur le corps que la femme. Ceci s'explique ainsi parce que l'homme est formé de terre [l'argile dont fut constitué Adam] et qu'il retire de cette matière constitutive une plus grande force et chaleur et il est plus dynamique que la femme, parce que la terre est transpercée par la pluie et la chaleur du soleil et produit les graminées et les herbes, et sur la terre, elle nourrit les animaux couverts de pelage et de plumes. La femme est sans barbe parce qu'elle est formée de la chair de l'homme [Ève, façonnée à partir d'une côte d'Adam] et elle est soumise (ou inférieure – subiacet) à l'homme et le plus souvent elle est calme, comme sont les reptiles qui naissent de la terre et ne sont pas couverts de pelage mais sont étendus dans la terre et ressentent moins de pluie et de soleil que les autres animaux qui sont sur la terre. »[60]

---

59 Hildegarde von Bingen, *Causae et Curae*, P. Kaiser (éd.), Leipzig, Teubner, 1903, p. 36.

60 Hildegarde von Bingen, *op. cit.*, pp. 33-34.

Ci-dessus : Hildegarde de Bingen recevant l'inspiration divine, enluminure du *Scivias*.

Page suivante : Haut : ours. Bas : ortie.

.Vrsus. qd ar. dub
dub. appellat arcos
alii pnceps uocat
ipm .
.Volubidis ma. or
qd dy. smilace dix .
Volubidis mior .
.Vrtica. greci uo
cant ea agalifex .
.a. urgidia a. ornu
mu. a. alcancas a.
bumurc. a. urais.
latii. a. acantis .

Le mal de reins

« Pour l'homme qui a mal aux reins et aux lombes, ce qui provient très souvent d'une faiblesse de l'estomac. Que cet homme prenne en mesure égale de la rue et de l'absinthe et qu'il les mélange avec de la graisse d'ours. Il s'oint fortement du mélange, là où il a mal, près du feu. La douleur des reins et des lombes provient d'humeurs défectueuses (*injustis*). Mais comme la chaleur de la rue et de l'absinthe et de la graisse d'ours viendront les contrer, elles entraîneront la fuite des humeurs froides. »[61]

Le houblon

[*de hoppho*] : « [...] chaud et sec et il a une humidité modérée et il est de peu d'utilité à l'homme parce qu'il fait croître l'humeur noire dans l'homme et il rend triste le moral de l'homme et il alourdit ses entrailles. Le houblon [est peu utile] mais cependant par son amertume, il empêche les pourritures de venir dans les boissons, lorsqu'il y est ajouté, ainsi elles peuvent durer plus longtemps. »[62]

La lavande

« La lavande est chaude et sèche, parce qu'elle n'a que peu de jus. Elle n'est pas bonne à manger pour l'homme, mais elle vaut par sa forte odeur. Et pour l'homme qui a beaucoup de poux, s'il répand l'odeur de la lavande, cela fera mourir les poux dont il est infesté. Et l'odeur clarifiera ses yeux parce qu'elle a en elle la force et l'utilité d'aromates très puissants et très amers, et pour cette raison, elle endigue de nombreux maux et épouvante les mauvais esprits. »[63]

Le second livre médical d'Hildegarde von Bingen est un herbier (*Liber simplicis medicinae*) appelé couramment *Physica*. À la différence d'autres herbiers dont il a été question qui se ressentent beaucoup de leurs modèles antiques, le *Livre des simples médecines* d'Hildegarde paraît en phase avec son terroir. Indice de la connaissance intime qu'elle avait de la flore de sa région d'origine, Hildegarde nous en transmet les appellations locales. Si le texte est en latin, parsemé cependant de termes germaniques, les noms des plantes sont généralement fournis en langue allemande, tels qu'ils étaient en usage dans la population. Les œuvres de Hildegarde ont donc aussi une valeur importante d'un point de vue linguistique, en même temps qu'elles traduisent la connivence étroite qui existait entre Hildegarde, son milieu et les gens dont elle restitue une part du parler et des centres d'intérêts. Elle est un des premiers auteurs à parler de la bière (*cervisia*) et en particulier de l'adjonction du houblon dans la bière qui aide à la conservation de la boisson.

---

61 Hildegarde von Bingen, *Causae et Curae*, p. 180.
62 Hildegarde von Bingen, *Physica, liber subtilitatum diversarum naturarum creaturam*, éd. critique, R. Hildebrandt, Th. Gloning, Berlin, New York, 2010, livre 1, col. 1153. Irmgard Müller, *Die Pflanzlichen Heilmittel bei Hildegard von Bingen*, Salzbourg, 1982, p. 104.
63 Hildegarde von Bingen, *Physica*, p. 78.

.Ebulus qd. dy. acnoisse greco noīc
cameactis. a. camuti. a. mecos afro
tides a. necte. hoc galy. ebucone.
daty. olma. a. aciocl actilone aut
odicus. a. ethios. a. cameacta.

.Edera nigra. q. dy greco
ason melle dicit. galli.
seron. daty. airpopua. a.
ca. a. alirac. a. alcar.

La cannelle

« La cannelle est assez chaude et a d'importantes forces, et elle a en elle une humidité modérée, mais sa chaleur est suffisamment forte pour réprimer l'humidité. Et celui qui en consomme souvent, élimine les mauvaises humeurs en lui et fait place en lui aux bonnes humeurs. »[64]

L'hièble

[*Atich*] : « [...] froid et humide et contraire à la nature de l'homme. Ce qui fait que si un homme en mange, cela sera très dangereux pour lui, mais si un homme a dans la tête de mauvaises humeurs comme un torrent d'eau, qu'il s'entoure la tête de ce froid et il s'en trouvera beaucoup mieux. »[65]

Nous achevons ici le parcours de la médecine monastique, restée durant un demi-millénaire quasi sans concurrence dans une grande partie de l'Europe. À partir des alentours de l'an mil, elle est concurrencée, voire supplantée, par d'autres courants de pensée, qui la font un peu passer à l'arrière-plan. De plus, à partir du début du XIIIe siècle surtout, des limitations seront instaurées par l'Église à la pratique de la médecine par les moines. Ce qui entraînera, pour les siècles suivants, un recentrage important de leurs activités médicales sur la pharmacie.

---

64 Hildegarde von Bingen, *Physica*, p. 71.
65 Hildegarde von Bingen, *op. cit.*, p. 122.

Ci-contre : Gauche : hièble. Droite : lierre.
Page suivante : Haut : *hipposelinum* (plante qui, selon Pline l'Ancien, est utile contre les scorpions). Bas gauche : fragon à languette. Bas droite : cytinet.

.Yposelinu . gr. dy-
apium agreste dix-
sime ut latini olixa
trum .
.Ypoglosos .
.Ypoquistidos .

Chapitre 4

Au temps des médecins de Salerne, l'Espagne et l'Italie méridionale

Au temps des médecins de Salerne, l'Espagne et l'Italie méridionale

Il est souvent affirmé que l'héritage intellectuel grec avait été « perdu » par l'Occident au cours du haut Moyen Âge, en raison de la coupure qui s'était opérée entre l'Empire romain qui périclite à l'ouest et se maintient, dans sa partie orientale, centré sur sa nouvelle capitale, Constantinople, l'ancienne Byzance. Quantitativement et qualitativement, c'est exact. Mais cela ne veut pas dire que tout avait été oublié par les Occidentaux. Dans l'Empire carolingien, un intérêt mêlé de respect pour l'antique avait survécu. Les médiévaux recherchaient dans l'Antiquité de la documentation, pour ne pas dire des modèles.

L'héritage antique au haut Moyen Âge

La médecine occidentale du haut Moyen Âge a ainsi conservé quelques lambeaux de cet héritage. Comme le montrait le *Vade mecum* de Saint-Gall évoqué plus haut, on repère des réminiscences du savoir grec dans des bribes de textes, des mots translittérés, certaines explications médicales, même si leur formulation est boiteuse et maladroite, dans les mentions d'autorités, les mesures, etc. Cette fascination pour les anciens a contribué à maintenir vivaces (même très déformés) le souvenir et les traces des œuvres antiques.

Peu ou prou, ce souvenir a préparé le terrain en Occident pour la future « réception » du savoir grec. On se souviendra aussi que ce qui était vrai du cœur de l'Europe carolingienne l'était moins ailleurs. La situation géo-historique de l'Italie méridionale ou de l'Espagne faisait de ces

.Rosa. q̃ arãl
uardẹ noĩt.

Rõsmarin⁹ q̃ alio noĩe libatis.
a'. ıeticen. a'. aluı̃. alẏ. ç̃arier alme
rian. a'. alipaluı̃. flos eius dr̃. an
thos. b'. h̃ba sine fructex latini ros
marinuz uocant.

zones des viviers multiculturels, peuplés de communautés bigarrées : chrétiens d'expression latine, mais aussi juifs, ou populations de langue et de culture helléniques.

La réception du savoir médical arabe dans l'Occident latin

Durant le haut Moyen Âge, subsiste d'autre part en Méditerranée orientale un Empire romain, centré sur Constantinople, l'ancienne Byzance. Cet Empire, de langue grecque, conserve des savants et l'héritage des médecins grecs antiques, Hippocrate et Galien, que des médecins byzantins continuent de faire prospérer tout en l'enrichissant de leurs propres apports, tels Alexandre de Tralles ou Théophile Protospatharios pour ne citer que ces auteurs.

Le développement d'un savoir d'inspiration gréco-arabe

À partir du VIIe siècle, à l'avènement de l'Islam, les Musulmans nouvellement convertis, mais porteurs d'une science arabe préislamique (notamment d'une astronomie et d'une médecine), commencèrent une progression vers le Proche et le Moyen-Orient, qui conduisit à une rencontre avec le monde byzantin. C'est ainsi que des savants arabes entrèrent en contact avec le savoir grec, se l'approprièrent en le traduisant en arabe, et combinèrent cette science avec leurs propres connaissances. Cette assimilation définira une première « réception » du savoir grec par les Arabes.

En parallèle à ce mouvement, s'en est opéré un autre, par-delà la mer Rouge, vers l'ouest, de proche en proche à travers l'Afrique du Nord et au-delà la Méditerranée, vers le sud de l'Europe occidentale, l'Italie méridionale et la majeure partie de la péninsule ibérique. Ce mouvement a pris un siècle : il s'échelonne du milieu du VIIe siècle au milieu du VIIIe siècle. L'implantation de ces populations fut durable. Si, en France, la victoire de Charles Martel à Poitiers, en 732, mit un terme à leur progression, en Espagne, la *Reconquista* « chrétienne » s'étendit sur plusieurs siècles, jusqu'à la prise de Grenade en 1492.

Dans ces diverses régions orientales et occidentales, se construisit un savoir d'inspiration gréco-arabe et rédigé dans cette dernière langue. Ainsi, en Al-Andalus, à Cordoue, un médecin pharmacien nommé Al-Zahrawi (ou *Albucasis* ou *Alzahravius*, comme l'appellent les Occidentaux qui estropient son nom, faute d'en comprendre les sonorités, mort aux alentours de l'an 1010. Vers l'an mil, il avait rédigé une grande encyclopédie médico-chirurgicale en trente volumes dont le dernier traite de chirurgie. Une fois traduit en latin, cet ouvrage deviendra le premier traité de chirurgie médiévale disponible en Occident. Il offre un panorama assez précis des capacités d'intervention des chirurgiens arabes. Al-Zahrawi décrit diverses opérations : cautérisation par le feu ou par l'application d'un agent caustique et ses usages (arrêter les hémorragies, supprimer une tumeur, etc.), incisions d'abcès ou de tumeurs, ponctions, opération des yeux, extraction de calculs, opération de hernies, obstétrique, traitement de blessures (notamment de guerre), amputations, réduction des fractures, etc. Al-Zahrawi combine l'enseignement chirurgical du Moyen Âge islamique et des Grecs. Il offre une place importante à l'anatomie comme base nécessaire à la pratique chirurgicale.

Page précédente : Gauche : rose. Droite : romarin.
Ci-contre : Codex *medicus Graecus*, dit Dioscoride de Vienne (vers 512).

100
ديبساقوس
مشط الراعي

-Pentafilon. que alio noīe qnqefoliuz dr̄ datij uocāt eā calipetalon ā. petapedes aᵗ. pentastrū domoeos. pseudo selinó egiptij difusi. aᵗ erombeos. ā. solotō ł aspaltuī et timatitis uł temartitiet esoffi. et teboitis ł psilotōet pentacamuz ł teonestromet ybetisonix ł manu martis. łpipedonū ł procilla ł acfossi. ł.mlta alia noīā hēt q̄ ignoro.

-Peonia que alio noīe. toboron appellat̄ ł aglofet aliofos ł allefus aᵗ. agltes. cuīᵘ due sūt sp̄es. masculus ł fēīā.

Tormentille pour les maux de ventre

« Donnez à boire la tormentille contre tous les maux de ventre. Pour les désordres intestinaux, elle convient pour qui la boit chaude avec du vin et de la graisse de porc, et pour le flux de ventre, dans le cas de la diarrhée. »[66]

Albucasis : De la circoncision des enfants

« Telle est la manière d'opérer. On commencera par donner le change à l'enfant, surtout s'il est simple, et lui laisser entendre que l'on veut seulement lui porter une ligature sur la verge, en annonçant l'opération pour un des jours suivants. Il faut l'égayer par tous les moyens possibles et à la portée de son intelligence. Vous le faites ensuite tenir droit devant vous, mais non assis. Vous cachez vos ciseaux dans votre manche, ou sous votre pied, et vous faites en sorte que l'enfant n'aperçoive aucun instrument [...] » Suit la description de l'opération elle-même. Et le pansement : « Vous répandez sur la plaie un peu de cendre de courge sèche et brûlée, topique excellent d'après mon expérience, ou de la poudre de noix, ce qui est également bon ; vous appliquez par-dessus les poudres, dans un linge, du jaune d'œuf cuit dans de l'eau de roses et battu dans de l'huile de roses fraîche et de bonne qualité. Vous laissez l'enfant jusqu'au lendemain, et vous pansez jusqu'à la guérison. »[67]

Les traductions des textes scientifiques gréco-arabes en latin

S'il y eut des affrontements entre ces diverses populations, il y eut aussi des échanges. À partir des XIe et XIIe siècles, le sud-ouest de l'Europe devint aussi une zone de contact et de communication entre les érudits d'expression latine, hébraïque et arabe. Ces échanges se concrétisèrent, pour ce qui concerne notre propos, par une entreprise de traductions des textes scientifiques gréco-arabes en latin.

Un second processus de réception de la science grecque était en œuvre cette fois par l'Occident latin. Selon les lieux et les circonstances, il prit différents aspects. D'un point de vue géographique, deux zones se détachent : le sud de l'Italie et l'Espagne. Pour simplifier les choses nous commencerons par cette dernière, et plus particulièrement par une ville du centre de la Castille, Tolède, qui avait été la capitale du royaume wisigoth après la chute de l'Empire romain.

Ci-contre : Haut : potentille. Bas : pivoine.

66 *Médicinaire de Liège*, XIVe siècle, dans G. Xhayet, *Médecine et arts divinatoires*, p. 89.

67 *La Chirurgie d'Albucasis*, traduite par le Dr Lucien Leclerc, Paris, 1861.

L'Espagne

En 1085, Tolède, qui abritait des populations musulmanes, juives et chrétiennes arabisées (mozarabes) et était devenue un très important foyer de culture, fut reprise par les Chrétiens. Ils mirent la main sur les bibliothèques et les textes scientifiques gréco-arabes qu'elles contenaient. Ce fut comme un appel d'air pour les érudits qui affluèrent de partout dans la ville.

Parmi eux, dans la seconde moitié du XIIe siècle, se trouvait un Italien vraisemblablement originaire de Crémone en Lombardie, Gérard dit de Crémone. Ce personnage, qui mourut en 1187, devint chanoine à la cathédrale de Tolède. À la tête d'une équipe de traducteurs, il se lança dans un colossal travail de traductions en latin de traités en arabe de philosophie, d'astronomie, de mathématiques, d'alchimie, de médecine, dont beaucoup de Galien[68].

On lui doit aussi la traduction latine de ce qui deviendra le must en matière de savoir médical pour plusieurs siècles en Occident : le *Canon de la médecine* d'Avicenne, inlassablement recopié au Moyen Âge avant d'être régulièrement imprimé jusqu'à la fin du XVIIe siècle. Son auteur, Ibn Sina (Avicenne pour les Latins) est un Persan né vers 980 et mort en 1037). Quant au *Canon*, c'est une codification du savoir médical gréco-arabe, appuyée sur Hippocrate, Aristote, Galien, ou encore Dioscoride, qui propose une vision rationnalisée et encyclopédique de la médecine du temps. Outre des données sur la théorie médicale générale, on y trouve un inventaire de simples (760 simples) et un formulaire, c'est-à-dire un ensemble de remèdes composés.

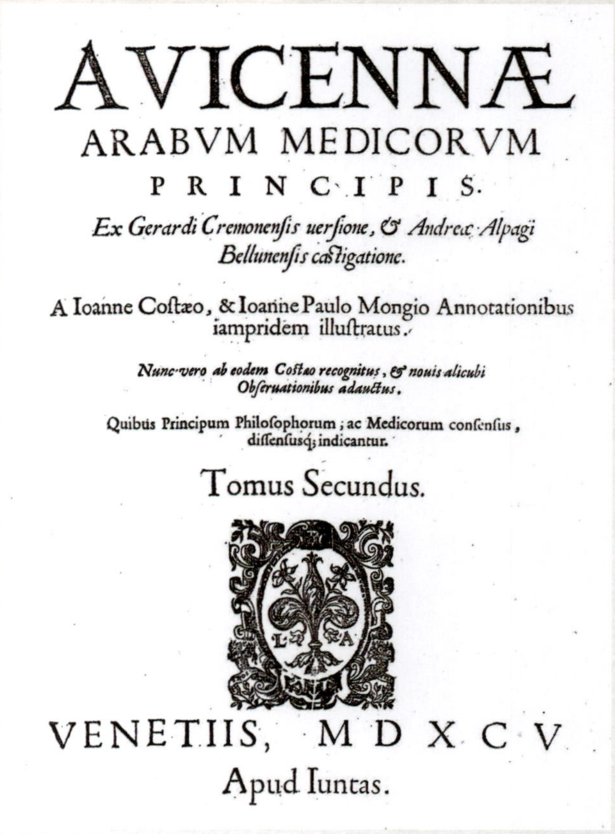
AVICENNÆ
ARABVM MEDICORVM
PRINCIPIS.
Ex Gerardi Cremonensis uersione, & Andreæ Alpagi Bellunensis castigatione.
A Ioanne Costæo, & Ioanne Paulo Mongio Annotationibus iampridem illustratus.
Nunc vero ab eodem Costæo recognitus, & nouis alicubi Obseruationibus adauctus.
Quibus Principum Philosophorum, ac Medicorum consensus, dissensusq; indicantur.
Tomus Secundus.
VENETIIS, MDXCV
Apud Iuntas.

Vertue diverses des laitues

« Les laitues [considérées comme froides et humides. D'où apaisantes] ôtent la luxure de qui les mange, elles font bien dormir, quand on boit l'eau filtrée dans laquelle elles ont cuit. Données à la femme, elles lui donnent du lait et du sang. On doit oindre de son jus un « *arifu* » [furoncle ? verrue ?]. Elles sont laxatives. »[69]

---

68 D. Jacquart et F. Micheau, *La médecine arabe et l'Occident médiéval*, pp. 147-153.
69 *Médicinaire de Liège*, herbier médicalisé. XIVe siècle, dans G. Xhayet, *Médecine*, *op. cit.*, p. 256.

Ci-dessus : *Arabum medicorum principis* d'Avicenne, traduit par Gérard de Crémone.
Ci-contre : Haut : lézard. Bas : laitue.

. Lacerte siue lacertus .

Lactuca domestica.

Du Mont-Cassin à Salerne

Notre parcours se poursuit par le sud de l'Italie, à l'abbaye de Mont-Cassin et, au sud de Naples, le long de la côte tyrrhénienne, à Salerne.

Le Mont-Cassin et Constantin l'Africain

S'il a beaucoup été question jusqu'ici des monastères du monde germanique, l'Italie comptait aussi de grandes abbayes où se cultivait un intérêt important pour la médecine. Entre Rome et Naples, le Mont-Cassin, par ailleurs berceau du monachisme bénédictin, était l'un d'eux.

À partir de la fin du Xe siècle, la communauté monastique compta parmi ses membres un religieux d'origine tunisienne qui, pour des raisons qui ne seront certainement jamais tout à fait claires, s'y était retiré et y avait pris l'habit. Ce moine arabophone qui avait acquis des connaissances en médecine est Constantin dit l'Africain.

Il s'attela à un important travail de traduction qui le fait reconnaître comme le premier maillon de la réception en Occident du savoir arabe. On lui doit plusieurs traités qui, avec le *Canon* d'Avicenne, donneront leur ossature aux études de médecine, lorsque naîtront les universités. Le *Pantegni* (*Tout l'Art*) est une encyclopédie médicale tandis que son *Isagôgê* (*Introduction*), issue des *Questions sur la médecine* de Hunain ibn Ishaq (Johannitius pour les Latins), deviendra un manuel de base pour les étudiants en médecine jusqu'à la fin du Moyen Âge. Enfin, Constantin rédige aussi un traité significativement intitulé *De coïtu* qui replace l'acte sexuel, envisagé exclusivement ici sous l'angle masculin, dans l'hygiène générale. Cette thématique peut sembler peu en phase avec l'idéal monastique. On se souviendra néanmoins que Constantin est l'homme de deux cultures. Et, comme l'a montré Enrique Montero Cartelle, éditeur moderne du texte, de tels traités relatifs à l'érotisme et à l'acte sexuel ne sont pas exceptionnels dans la littérature arabe du temps[70].

De coïtu
La nature des testicules droit et gauche

« De la nature des testicules droit et gauche. Il est aussi dit que la chaleur est la cause de la masculinité et le froid, de la féminité, et c'est la raison pour laquelle les membres droits font naître des garçons et les gauches, des filles. Hippocrate dit que ces membres s'aident l'un, l'autre. Galien rapporte aussi qu'il ne faut pas s'étonner si la chaleur du testicule droit et de la partie droite de la matrice est plus forte que celle du testicule gauche et de la partie gauche de la matrice puisqu'ils sont plus près du foie et sont nourris de sang pur et clair, et c'est [à cause de cela] que les enfants mâles naissent de la droite et les fillettes de la gauche [...] »[71]

---

70 Enrique Montero Cartelle, *Constantini liber de coïtu. El tratado de Andrologia de Constantino el Africano, Estudio y edicion critica*, Santiago de Compostelle, 1983, pp. 19-22.
71 E. M. C., *op. cit.*, n° 7, p.106.

Ci-contre : Haut gauche : hysope. Haut droite : canne à sucre. Bas gauche : zédoaire. Bas droite : gingembre.

Page 112 : Gauche : saponaire. Haut droite : sarcocolle. Bas droite : orchis (satyrion).

Page 113 : Gauche : encens. Droite : crocodile.

.Ysopus ortinus.
Zuchari. qd ar. çuchara. appellat'.
.Çeduaria alio noie zerubet.
.Zinziber. alio noie. zezibel.

Saponaria. barit
hba. fullonu hba sã
filipi.

Sarcocola alio
noĩe ançarot ul'
anegrud.

Satiria siue orchis.
palma xpi. a'. satvriõ.
scis a'. desben. a'. ginos.
nocoron a'. sapias a'. testiculi.
leporis testiculi uulpis. a'
afrodisian. a'. leporinuz dy

item ẽ.
q alio noĩe
a'. entati. a'. co
ireme a'. u
uõ orchis

.Thus.
.Timsa .i. cochodrilum.

. Calcantum .
. Buxus .
. Cachille .i. abohanfa
BRITISH MUSEUM

Des potions qui génèrent le sperme et l'expulsent

« Les aliments sont comme nous l'avons dit le poivre et le poulpe, les pignons de pin et les figues, la viande fraîche, la cervelle et les jaunes d'œuf. Les potions appropriées sont faites d'orchis et de « testicules de renard », c'est-à-dire du satyrion parce qu'il accroît le désir, comme l'orchis. Dioscoride dit de cette racine que le fait de la tenir en main stimule l'appétit sexuel et si on la boit avec du vin, cela l'augmente encore. De même le gingembre fait naître et accentue le désir et aussi le costus rouge et blanc et le crocus d'Orient et la semence de lin, si elle est cuite avec du miel, additionnée de poivre et consommée, et son effet est le même. La cardamome et la graine d'ortie, l'anis et les choses semblables à celles-là. Ce sont des aliments et des médicaments et tu soigneras grâce à eux les maux contraires, puisque les contraires soignent les contraires. »[72]

Enfin, Constantin livre aussi à l'Occident différents traités d'un médecin et philosophe appartenant à la communauté judaïque de Kairouan au Xe siècle, Ishaq al-Isra'ili, que l'Occident appellera communément Isaac. D'Isaac, Constantin traduit un traité sur les urines et un autre sur les fièvres, ainsi que deux traités de diététique. Comme le rappelle Marylin Nicoud, le terme *diaeta* désigne « dès l'Antiquité essentiellement dans des ouvrages médicaux, la connaissance des aliments qui peuvent autant guérir que causer des maladies »[73]. Ces *Diètes* introduisent le rôle de l'alimentation dans l'état de santé. Elles traitent autant de simples médicinaux que d'herbes potagères, de fruits, de céréales consommés dans le cadre de l'alimentation habituelle. Le livre des *Diètes générales* est un discours sur les caractères principaux des nourritures, Les *Diètes particulières* répertorient les différents aliments par catégories, avec leur aspect, leurs qualités et leurs effets sur l'organisme. Déjà cependant on constatera que ces diététiques présentent des analogies avec les herbiers, puisqu'on y trouve le même type d'informations sur les aliments bénéfiques ou nocifs pour le corps.

Le citron
Notice extraite des Diètes particulières

« Les citrons sont plus froids, et gros et durs et lourds (par référence à leurs « qualités ») que les concombres [décrits dans la notice précédente du traité]. Leur froideur va jusqu'au second degré. Ce qui a pour conséquence d'être générateurs d'humeurs épaisses et de superfluités, ce qui est vérifié puisque, dans l'estomac, les citrons attaquent l'estomac et génèrent des humeurs nocives (litt. vénéneuses). Les citrons nuisent donc beaucoup à l'estomac. Leur pulpe cependant génère du meilleur suc. »[74]

72 Constantin, *Liber de coïtu*, n° 14, pp. 150-153. E. M. C., *op. cit.*, n° 14, pp. 150-153.
73 Marylin Nicoud, *Les régimes de santé au Moyen Âge*, 2 vols, Rome-Paris, École française de Rome, 2007, t. 1, p. 3.
74 Isaac, *Liber dietarum particularium*, in *Omnia opera* Ysaac, Lyon, 1515, f 124voA.

Ci-contre : Haut gauche : buis. Haut droite : *calcantum*.

.Citruli. q ār. cbachx ysaac
cirita siue dirita.
Citrus aliud
ē citrus ⁊ aliud
ē cidrus.

Le melon
Notice extraite des *Diètes particulières*

« Les melons d'été sont de deux sortes : ronds et allongés, également froids et humides au milieu du second degré. Les ronds sont plus visqueux et gros. La cause de leur rondeur est que leur liquide visqueux et épais restant en surface se répartit sur les flancs. La liqueur du long est plus subtile et aqueuse. Elle s'écoule et se répartit dans la partie inférieure et l'allonge. Ce qui s'explique par cette raison : la saveur du rond est voisine de quelque chose de doux [...] Le rond est plus nocif et donne plus de résidus. Il provoque l'urine et chasse les sables et la pierre des reins et de la vessie [...] »[75]

L'activité de traduction de Constantin dérivait d'une certaine manière de l'intérêt séculaire des moines pour la pratique et le savoir médicaux. Elle s'inscrivait aussi dans le mouvement plus neuf de curiosité pour la médecine arabe et gréco-arabe. Et celui-ci était dans l'air du temps dans le sud de l'Italie. Constantin reçut donc le soutien de sa hiérarchie tant de la part d'Alphanus, l'archevêque de Salerne, que de Desiderius, abbé du Mont-Cassin, lui-même attiré par les études grecques. Les traductions de Constantin se mirent en particulier en symbiose avec les travaux des médecins de l'école de Salerne, dont il va être question et à laquelle le travail de Constantin sur les textes gréco-arabes apportera une impulsion nouvelle. En effet, les historiens de la médecine ont pu montrer deux temps dans les travaux des maîtres de Salerne : ceux antérieurs à Constantin et qui ressemblent aux textes du haut Moyen Âge, et ceux qui lui font suite, influencés par le savoir grec et arabe.

Les médecins de Salerne

Depuis le milieu du IXe siècle et jusqu'en 1077, année de sa conquête par les Normands, Salerne en Campanie était le cœur d'une petite principauté prospère et politiquement stable. Sans doute, cette prospérité n'est-elle pas étrangère à l'épanouissement intellectuel dont la ville campanienne fut le théâtre et dont son école de médecine deviendra le fleuron. Une « école », depuis l'Antiquité, c'est moins une institution au sens où nous l'entendons qu'un groupe de disciples assemblés

[75] Isaac, *op. cit.*, f 124roB-voA.

Ci-contre : Gauche : pastèque. Droite : cédratier.

autour d'un maître, l'assistant dans ses activités et s'instruisant de son expérience et de ses conseils. C'est principalement ainsi aussi qu'il faut envisager l'expérience salernitaine.

Introduisant un recueil d'études sur cette école, Danielle Jacquart la caractérise en ces termes : « mise en place dans l'Occident latin de l'enseignement d'une médecine rationnelle, qui fonde l'exercice quotidien sur une théorie dont les principes tirent leur légitimité d'une science de la nature et qui vise à l'univocité »[77]. Les médecins salernitains cessent d'être de simples applicateurs de recettes dépourvues de rationalité.

Nous sommes loin de tout savoir de l'école de Salerne, de ceux et celles qui l'ont animée et lui ont donné sa notoriété, comme des œuvres qui seront reconnues comme ses éléments constitutifs. Les sources attestent de son existence aux alentours du Xe siècle, mais ne clarifient pas les circonstances de son apparition. Un autre objet de débat concerne les médecins qu'il convient d'intégrer dans l'ensemble des maîtres salernitains : ceux qui ont résidé et enseigné dans la ville campanienne, ou ceux aussi qui n'ont fait qu'y passer ? Enfin, comme on le verra, l'existence même de certains auteurs considérés comme salernitains est ou a été mise en doute. À propos de l'école de Salerne, on dispose ainsi de quelques certitudes – les textes – et de beaucoup d'éléments qui sont (et resteront probablement toujours) nimbés de mystère. Quoi qu'il en soit, cette école est aussi perçue comme un jalon important dans l'histoire de la médecine occidentale, à un tel point que l'on qualifie souvent de « présalernitain » le savoir médical médiéval qui lui est antérieur. Son impact sur l'histoire de la médecine des siècles suivants sera considérable. Nombre des traités dits salernitains se retrouveront dans les bibliothèques médicales, en latin, et feront aussi l'objet de traductions à destination d'un public non latiniste.

Le lin

Notice extraite des Diètes particulières

« La semence de lin est chaude et sèche au premier degré et moyennement humide. Elle nourrit peu et est dure à digérer. Elle fait gonfler l'estomac et lui est nocive. Cependant, elle est diurétique. Elle est mieux acceptée rôtie avec du miel et vaut pour la toux et la poitrine et mangée avec du miel, elle purifie en collectant le phlegme. Avec du poivre, elle augmente le désir et de sa fermentation, avec de l'huile rosat, on prépare un clystère qui vaut pour les intestins. Les apostumes qui surviennent à la vulve sont dissous si les femmes prennent en bain de siège les semences chaudes fermentées. »[76]

Les textes produits par Constantin et l'école de Salerne entre le XIe et le XIIe siècle portent sur différents aspects de l'art médical. On retiendra diverses *Practicae*, des manuels décrivant les maladies et les traitements adéquats, ou encore un traité d'anatomie. L'*Anatomie du porc* de maître Cophon (vers 1080-1090) résulte des démonstrations de la dissection du porc devant les étudiants.

---

[76] Ysaac, *Liber dietarum particularium*, *Omnia opera Ysaac*, Lyon, 1515, f112.

[77] Danielle Jacquart, *La scuola Medica Salernitana. Gli autori e i testi*, Introduction, Florence, 2007, p. 7.

Ci-contre : Haut : chapons. Bas : chèvre et bouc. Droite : sainfoin d'Espagne.

.Capones.
.Capragine siue gallinga.
ria q' multi uectia torma uocãt
.Capra ⁊ yrcus.

. Piris siue pira . alio noīe . cimetre appellat' alia sūt do mestica alia siluestria .

. Piretrū alio noīe achieharaba .

Ce traité esquisse les premiers germes d'un retour progressif vers les études d'anatomie en Occident.

C'est dans ce contexte aussi qu'est élaboré le *Régime de l'école de Salerne*, une encyclopédie médicale versifiée, se proposant de synthétiser l'ensemble du savoir : diététique, pharmacopée, causes et symptômes des maladies, remèdes, etc. On connaît plusieurs versions du *Régime de Salerne*. La plus longue compte plus de 3500 vers[78].

Au tournant du XIIe siècle, l'école de Salerne produit aussi un important herbier, *De simplici medicina* (*Des simples médecines*), mieux connu d'après son incipit (les mots par lesquels le texte débute), *Circa instans*. Ce traité a été longtemps attribué à un maître salernitain, Matthaeus Platearius, un personnage dont l'existence est parfois remise en cause. Ce répertoire compte plus de 1 100 notices de plantes, de substances d'origine animale et minérale. Signe de sa popularité, le *Circa instans*, dont il existe plus d'une version en latin a aussi été rapidement traduit en langues vernaculaires. Une traduction française en existe dès le XIIIe siècle. Cette dernière, connue comme *Livre des simples médecines*, vivra, s'il est permis de s'exprimer ainsi, de sa vie propre et s'enrichira à son tour d'apports divers dus à des copistes et des continuateurs jusqu'au XVe siècle.

78 Éd. utilisée : S. De Renzi, *Collectio salernitana*, t. 5, Naples, 1859 (rééd. Anastatique, Bologne, 1967), pp. 1-104.
79 *Le Livre des simples médecines*, éd. P. Dorveaux, Paris, 1913, pp. 16-17.
80 Ms. 351, f 175r°, bibliothèque municipale de Cambrai, fin XIIIe siècle, éditions A. Salmon, « Remèdes populaires du Moyen Âge », *Études romanes dédiées à Gaston Paris*, Paris, 1890, p. 260 n° 60.

L'armoise

« L'armoise est chaude et sèche au troisième degré. C'est une herbe que l'on proclame "mère de toutes les autres herbes". Ce sont surtout les feuilles que l'on en utilise, et elles valent mieux fraîches que séchées. Et on peut les conserver un an. Elle est utile à la femme qui ne peut avoir d'enfant quand la matrice est trop humide, mais si elle ne pouvait concevoir parce que la matrice serait trop sèche, elle lui ferait plus de tort que de bien [...] »[79]

Recette nécessitant de la menthe et de la rue

« Pour les narines malodorantes, défaut qui provient du cerveau. Voici un remède qui ne sera jamais défaillant. Prenez le jus de la menthe et celui de la rue et instillez-le souvent dans les narines. Ainsi, cela purifiera le cerveau et ôtera la puanteur »[80].

Ci-contre : Gauche : pyrèthre. Droite : poire.

Régime de Salerne

Aliments nocifs (vers 493-495)

« La pèche, la pomme, la poire, le lait, le fromage et la viande salée et la chair de cerf, et de lièvre, et de bœuf et de chèvre : ces choses mélancoliques sont les ennemies des malades. »

Sauge (vers 1102-1107)

« Pourquoi l'homme à qui la sauge grandit dans son jardin meurt-il ? Elle n'est pas un remède contre la force de la mort dans les jardins. La sauge renforce les nerfs, et enlève le tremblement des mains, et sous son action, la fièvre aiguë fuit. Sauge salvatrice (*Salvia salvatrix*), conciliatrice de la nature, la sauge assainit la tête et c'est ce que fit Hadrien (?). »

Sureau (vers 1109-1113)

« Les sureaux tuent les vers et ascarides. Ses fleurs sont supérieures à la plante. Car le sureau sent, la fleur enlève la douleur. Et elles rendent l'estomac souple en faisant vomir. Ses feuilles apposées sur la tumeur l'enlèvent. »

Recette d'un collyre (vers 3177-3177)

« Le fenouil, la verveine, la rose, la chélidoine et la rue secourent les yeux oppressés par une obscurité effrayante. De ces ingrédients, est faite une eau qui restitue la vivacité de la lumière. »

Contre l'haleine fétide (vers 2314)

« Manger de la gentiane est profitable à ceux dont la bouche dégage une mauvaise odeur. »

Ci-contre : Gauche : *belliculi marini* (coquillage), verveine. Haut droite : aubépine. Bas droite : vernix (gomme d'un arbre exotique).

.Berberis qd dy- oxcantuz-
dixit uel anub'leus

...ulli marini.

...bena. dy. geraboza nui dixit alij peristeron alij sice
...s uel cirretis alij al chea. a' apison a' crisceptron. a'.
...a. alij lustrago aut ncrtipedui. de berbena. cui due
...siit. a h' e pina. sa uo appe lat trigonion buinon. a.
ferran am ber cula riam. alij cristagal
inatia qda gero
totamuz utiqz fo
lia subalbida.
a uelut iasa.
buit silia.

Bernix siue uerdica
aut kakabre uel san
dros. alij glassa
appelant.

. Genestra. dy. aspalatron siue.
spartus aly. mirica.

. Gentiana. dy. [illegible]
q' ē centaurea maior
a' aligalicam. a'. algen[illegible]
a'. apupimētaun. a'. al[illegible]
tis a'. alica. a'. anob[illegible]
alortis a'. mas prom[illegible]
on a'. cottiadem.

Arthemisia . tria . que
leptafilos dr. alij uocant.
matricariã alij ama
rellam a' ama
rant' alij acanẽ
a' aculanũ.
Assara q̃ mlti narduz .
agreste appellant . Tu
sci bachara . a' uulga
go ul' ozachus .
assasso .
Asinus .

La momie

« La momie est chaude et sèche au quatrième degré. Bien que d'aucuns la disent froide et sèche pour le fait qu'elle serait astringente, mais c'est faux. Il y a beaucoup de choses qui sont froides et sèches et relâchent, alors que beaucoup [de choses] sont chaudes et sèches et restreignent. La momie est une épice que l'on trouve dans les tombeaux. Anciennement, on avait coutume d'apprêter les corps des défunts de myrrhe et de baume, là où croît une grande quantité de baume, et de même on en entourait le cerveau et l'échine. Et la chaleur du baume attirait à elle tout le sang et cuisait et desséchait. Ainsi, le sang et le cerveau se muaient en momie. La meilleure est noire, puante et luisante et massive. Celle qui est blanche et obscure et qui se répand facilement en poudre et ne pue pas, ne vaut rien. Elle restreint [81]. Contre le saignement de nez, détrempez de la poudre de momie dans du blanc d'œuf et du jus de sanguinaire, imbibez du mélange des petits rouleaux de tissus que vous introduisez dans les narines. De même, mettez-en sur les joues (ou les tempes) [...]. »

L'hysope

« L'hysope est chaude et sèche au troisième degré. C'est une herbe commune. La feuille et la fleur sont utilisées. La racine est sans valeur. On la cueille en été quand elle fleurit et on la fait sécher à l'ombre. On peut la conserver un an. Elle est diurétique, elle est dissolvante, elle épuise et excite. Contre les maux de poitrine et la toux de froide nature, donner à boire du vin dans lequel aura cuit de l'hysope et des figues sèches. Pour ce même mal, il y a un électuaire que l'on appelle diysopum, qui se prépare avec de l'hysope. Contre la douleur du ventre et des intestins, donnez du vin dans lequel aura cuit de l'hysope ou des graines de fenouil [...]. »

---

[81] *Livre des simples médecines*, pp. 120-121.

Page 124 : Gauche : genêt. Droite : grande gentiane.
Page 125 : Gauche : asaret. Haut : citronnelle. Bas : âne.
Ci-contre : Gauche : menthe. Droite : menthe verte.

Menta. dr̄. ediosmu.
dic̄. greco nōie rdy
cemon dr̄ arabia.
abanaba.

Menta romana. q̄. ā. sarra
cenicā uocit̄. ā. nepitam.
galia siue sattara ⁊ dr̄.
marmaria acusa.

Une autre œuvre dont l'impact sera considérable est une pharmacopée, un *Grand Antidotaire*, avec son abrégé l'*Antidotarium Nicolaï*, rédigé vers 1160, qui donneront à l'Occident des repères sûrs en ce qui concerne les remèdes à administrer et, pourrait-on dire, codifient la pharmacopée. Ainsi, en 1353, une ordonnance du roi de France Jean II le Bon désignera l'*Antidotaire de Nicolas* comme l'un des deux ouvrages dont devront obligatoirement disposer les apothicaires du royaume[82].

La menthe

« La menthe est chaude et sèche au second degré. Il y en a de plusieurs espèces : une est domestique et croît dans les jardins, une autre est sauvage et on l'appelle mentastre. Une troisième dont les feuilles sont les plus longues et les plus effilées, et celle-ci, on l'appelle menthe sarrasine. Elle pousse dans les jardins. Elle échauffe et conforte moyennement. La sauvage échauffe plus et la sarrasine est plus diurétique. La menthe domestique est plus en usage, fraîche et séchée, elle est de grande force. On doit la sécher à l'ombre et elle se conserve un an. Elle délie, dégage et conforte. Parmi ses usages : contre la puanteur et la pourriture des gencives, pour exciter l'appétit, antiémétique, contre la faiblesse du cœur et contre les évanouissements, nettoie la matrice, contre les maux de ventre qui proviennent des boyaux, contre la toux [...]. »

Huile rosat

« L'huile rosat est faite ainsi : dans deux livres d'huile commune, mettre une livre et demie de [pétales] de roses froissés et mis à bouillir, jusqu'à la réduction au tiers. Ensuite, mettre dans une étamine et ensuite dans un pressoir. Ainsi est faite aussi l'huile de violette, de myrte, et de sureau. Elles valent contre les fièvres aiguës, ointes sur le foie, le pouls (poignet ?), et les tempes. »[83]

La littérature médicale salernitaine est importante, tant par les œuvres produites (ou que l'on rattache à cette école) que par le nombre d'auteurs qui y ont été associés. On pourrait ainsi évoquer Maurus de Salerne (vers 1130-1214), qualifié de Galien salernitain

---

[82] D. Jacquart et F. Micheau, *La médecine arabe et l'Occident médiéval*, p. 212.
[83] *Antidotaire Nicolas*, éd. P. Dorveaux, p. 21.

Huile de mandragore

« Prends deux livres d'huile, du jus de [baies de] mandragore, quatre onces, du jus de jusquiame, deux onces, du jus de pavot, trois onces d'opium [suc de pavot], du storax, une once et demie. Elle est préparée ainsi : verser tous les jus dans l'huile et mélanger et laisser ensemble [macérer] au soleil pendant dix jours. Le onzième jour, cuire tous les jus jusqu'à la réduction totale du jus, et puis l'enlever du feu, et quand il sera refroidi et formera une sorte de résine, y ajouter l'opium et le storax. Cela vaut pour les fièvres aiguës, en onction au front et sur les tempes et le pouls (poignet ?). Il fait dormir et ôte la chaleur »[84].

(*Galienus salernitanus*) et auquel des traités d'anatomie, sur la saignée, sur les urines, les fièvres ainsi qu'un traité d'hippiatrie (médecine pour les chevaux) sont associés[85]. Ou encore Roger de Salerne, et sa *Chirurgia*, etc.

La Trotula

Avant de terminer, il conviendra de s'arrêter sur la *Trotula*, pour l'essentiel un traité de gynécologie et d'obstétrique, également issu de l'école de Salerne et dont la popularité fut importante et durable.

Certes, avant le XIIe siècle et la rédaction de ce traité, il existait des ouvrages sur ces matières. Les médecins pouvaient avoir connaissance des *Gynaecia* de Caelius Aurelianus (un auteur du Ve siècle de notre ère, originaire d'Afrique du Nord), ainsi que d'un autre traité un peu plus tardif, portant aussi ce titre et dû à un nommé Mustio. Ces *Gynaecia* dérivaient des œuvres rédigées sur le sujet au Ier siècle après Jésus-Christ par un médecin grec, Soranos d'Éphèse. Il n'empêche que la *Trotula* connaîtra une forte popularité, mesurée comme c'est le cas pour la plupart des traités médiévaux au nombre des manuscrits connus : 131, copiés entre la fin du XIIe siècle et la fin du XVe siècle, en plus de versions en langues vulgaires. L'œuvre sera ensuite imprimée une dizaine de fois entre 1544 (édition princeps à Strasbourg) et la fin du XVIe siècle. Après quoi on ne la publiera plus sous l'Ancien Régime.

Sous le vocable de *Trotula* sont rassemblés et circulent, depuis le milieu du XIIIe siècle environ, deux traités de gynécologie (un livre sur les maladies des femmes, *Liber de passionibus mulierum*, un livre de

---

84 *L'antidotaire Nicolas*, deux traductions françaises de l'*Antidotarium Nicolaï*, par P. Dorveaux, Paris, 1896, p. 21.

85 Sur tout cet auteur, L. Moulinier, « La science des urines de Maurus de Salerne », in *La scuola medica salernitana*, *op. cit.*, pp. 261-281.

remèdes pour ces mêmes maladies, *De curis mulierum*) et un traité de cosmétique (*De ornatu mulierum*), datés du milieu du XIIe siècle au plus tard et qui ont circulé séparément avant de former un tout. Quant au nom lui-même, il a longtemps alimenté une énigme. *Trotula* renvoyait-elle à une femme médecin, auteur des traités, ou seulement aux traités eux-mêmes ? Les historiens ont pu mettre en évidence l'existence à Salerne de guérisseuses (les textes du temps parlent des *mulieres salernitane*, « femmes de Salernes », qui pratiquèrent la médecine du XIe au XIIIe siècles. Active au début du XIIe siècle, l'une d'elles était Trocta. Cette femme est aussi l'auteur d'écrits médicaux perdus en tant que tels, mais qui sont peut-être à la base des thérapies décrites dans le recueil de remèdes intitulé *De curis mulierum*. Et c'est par une sorte d'assimilation d'un type d'œuvre à un type de praticien que le traité a pris ce nom, de *Trotula*, c'est-à-dire de « petite Trocta ». Un tel flou ne doit pas étonner, à propos d'œuvres aussi anciennes, dues à des personnes dont la vie devait par ailleurs s'écouler de façon banale, et dont l'œuvre est la seule trace qui en reste. Au demeurant, si nous ne savons rien (ou presque) de la vie de Trocta, nous ne savons pas davantage de son confrère Cophon, son contemporain et le premier à parler d'elle et de ses activités.

Les deux premiers traités constitutifs de la *Trotula* portent sur les thématiques relatives à la conception, à la stérilité, à la grossesse, à l'obstétrique et aux premiers soins aux nourrissons. Le troisième (*De l'ornement des femmes*) enseigne à ces dernières l'art de la parure, dans une optique nettement érotique : coloration de la peau ou de la chevelure, blanchissement des dents, épilation du corps, etc. Ces conseils traduisent aussi les canons de la beauté et de la séduction alors en vigueur, dans l'Italie du Sud, à la confluence entre monde chrétien et monde oriental.

Obstétrique
Livre sur les maladies des femmes

« Traitement pour la femme qui accouche avec difficulté. Qu'elle soit baignée dans de l'eau où auront cuit de la mauve, du fénugrec, de la semence de lin, de l'orge. Que ses flancs soient oints, que son ventre et ses organes génitaux soient fortement frictionnés avec de l'huile violat ou rosat et qu'on lui donne une potion d'oxyzaccara (préparation médicinale), de poudre de menthe et d'absinthe, à la mesure d'une once. On la fera éternuer avec de la poudre d'encens appliquée sous ses narines. La femme sera aussi promenée à pas lents à travers la maison. [...]

Si l'enfant ne sort pas de la manière qu'il conviendrait, comme quand les jambes ou les bras sortent d'abord, que l'accoucheuse l'y aide d'une petite main, douce et humidifiée dans une décoction de semence de lin et de fénugrec et qu'elle replace l'enfant en position correcte.

Si l'enfant est mort-né, prends de la rue, de l'armoise, de l'absinthe, du poivre noir. Tout cela broyé doit être donné dans du vin, ou de l'eau dans laquelle ont cuit des lupins. »[86]

[86] Livre sur les maladies des femmes, *Trotula un compendio medievale di medicina delle donne*, M. Green éd., (trad. italienne par V. Brancone), Florence, 2009, pp. 168-169.

Ci-contre : *De ornatu mulierum*.
Page 131 : Haut gauche : lupin. Bas gauche : *lumachia* (coquillage). Droite : houblon.
Page 132 : Haut gauche : souris. Milieu gauche : «chasseur de souris», chat. Bas gauche : momie. Bas droite : herbe à l'odeur de musc.

. Lumachia qd. dr.
coclea terrena dic .

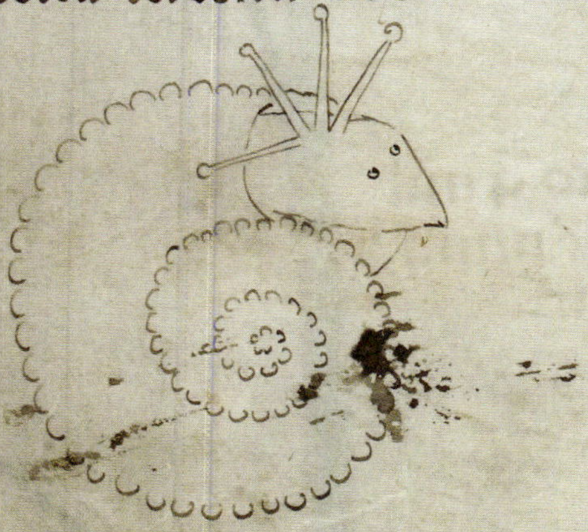

. Lupulus . q. anc kustber .
. kust . dic . alio nomie albars
cekar .

Mus aīal qd multi sorices
ua. ratus siue topus uocāt.

Mum. s3. a mee naz. sap.
uō mutria dicit.

Murilego siue
arelthir.

Muscata.

Mumia.

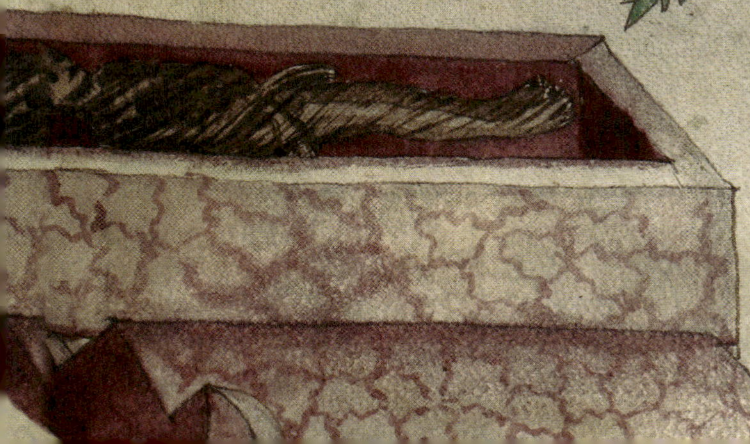

Soins aux nouveau-nés et jeunes enfants

« [...] Il faut veiller à ce que le lait n'entre pas dans les oreilles et les narines quand l'enfant tête. Et il faut ligaturer le cordon ombilical à trois doigts du ventre, parce que de la dimension de cette rétention dépendra la longueur grande ou petite du membre viril. Et pour que le bébé parle plus vite, oins son palais et ses narines avec du miel et de l'eau chaude, et qu'il soit toujours lavé avec cet onguent, et que les sécrétions soient toujours nettoyées. [...] Ensuite, qu'il soit baigné dans de l'eau chaude et remis comme à l'accoutumée (réemmailloté). Un peu de somnifère lui sera donné pour le faire dormir. Sa peau sera uniformément massée, comme il convient, après la tétée.

Immédiatement après la naissance, il faudra couvrir ses yeux, et surtout veiller à ce qu'il ne soit pas dans un lieu trop lumineux. Devant lui, il y aura des images variées, des tissus de diverses couleurs, des perles, on usera de cantilènes et de voix agréables, pas rauques comme le sont celles des Lombards.

Plus tard, quand le moment de parler approchera, la nourrice lui oindra fréquemment la langue avec du miel et du beurre, et cela surtout quand la parole tarde à venir. [...] S'il a de la diarrhée, on lui fera un emplâtre de cumin et de vinaigre et on y mélangera du sucre, de la gomme arabique, du bol d'Arménie et des choses similaires et cela lui sera donné. Si le bébé a de la constipation, on lui préparera un suppositoire de miel et de bombax et de crottes de souris, et on le lui introduira. Quand le temps viendra pour lui de manger, que l'on prépare des pastilles de sucre, de lait et de choses similaires, de la taille d'un gland et qu'on les donne à l'enfant pour qu'il puisse les tenir en main et s'en divertir. »[87]

[87] *Livre sur les maladies des femmes*, pp. 178-180.

La chevelure

De ornatu

« Pour étoffer la chevelure : broie la racine de l'hièble avec de l'huile et oins t'en la tête, et entoure ta tête de ses feuilles.

Pour avoir de longs cheveux : broie la racine de la mauve avec de la graisse de porc et fais-la bouillir longtemps dans du vin. Après, mets du cumin bien réduit en poudre, du mastic, et du jaune d'œuf bien cuit et mélange un peu le tout. Après la cuisson, fais percoler la préparation à travers un pan de lin et laisse-la jusqu'à ce qu'elle soit refroidie. Enfin récolte la graisse qui surnage et, après avoir lavé tes cheveux, fais en une onction. »[88]

[Stratagème] pour simuler la virginité

« Prends une once de sang-dragon, du bol d'Arménie [minerai de cuivre], de la cannelle, de l'écorce de grenade, de l'alun, du mastic [soit de la gomme du lentisque], de la noix de galle, en tout une once ou deux ou autant que tu voudras de chaque ingrédient. Réduis le tout en poudre. Ensuite fais réduire le tout dans un peu d'eau chaude. Mets un peu de cette préparation à l'ouverture qui conduit à la matrice. »[89]

[88] *De ornatu mulierum*, éd. M. Green, *op. cit.*, pp. 290-291.
[89] *De ornatu mulierum*, éd. M. Green, *op. cit.*, pp. 314-315.

Ci-contre : Haut : sangsue. Gauche : chardon béni. Droite : sang-de-dragon.
Page 136 : Haut : sébeste. Gauche : scrofulaire. Droite : joubarbe.

. Sanguisuga . q. ar. aleta. latine inguate appellat .

Sanguis draconis ar.
denalacoehen. dr.

. Sanition . dy. sedum dix.
latini cellectione uocat e
aut herba que i cardus
bndictus appellat .

. Sebesten q.i. mixa i labo. anfedem uocat.

. Sempuiua . dy . aysoo dic . aut ai ul' albeço . i . andrana . i . aetas greca tron ul' centros . i . butalmó . i . amb latini sempuiui . i . uocat .

. Scrofularia minor

Chapitre 5

La cour, l'université, la ville : de nouveaux cadres pour l'activité médicale

La cour, l'université, la ville : de nouveaux cadres pour l'activité médicale

La médecine de Salerne marque un tournant dans l'histoire de la médecine d'Occident qui dispose désormais d'un nouveau corpus de connaissances théoriques sur lequel appuyer sa pratique. On pourrait dire que l'histoire de la médecine fait exploser ce qui jusqu'alors avait constitué ses cadres. En ces derniers siècles du Moyen Âge, les lieux de la médecine se démultiplient, en même temps qu'apparaissent de nouveaux genres littéraires pour l'écriture médicale.

La cour de l'empereur Frédéric II de Hohenstaufen

Au XIIIe siècle, un autre important foyer de traduction se développe dans les Pouilles. À la différence du contexte salernitain dont beaucoup d'éléments nous échappent, le cadre est cette fois mieux documenté. C'est celui d'une des plus brillantes cours de l'époque, celle que l'empereur Frédéric II de Hohenstaufen (1194-1250), héritier de la couronne de Sicile, des Pouilles et de Capoue, couronné empereur en 1220, anime autour de lui. Frédéric, qui lui-même déconcerte ses contemporains par sa personnalité singulière, est un homme curieux de sciences. Un chroniqueur musulman le dit « distingué et savant, ami de la philosophie, de la logique et de la médecine »[90]. Sa cour est un foyer intellectuel florissant et un important centre de traduction.

Dans ce contexte raffiné et cosmopolite, car Frédéric attire des savants de diverses origines, des œuvres sont également traduites ou produites. C'est par un biais quelque peu particulier que cette production sera évoquée ici. C'est en effet au sein de cette cour de Frédéric II que le contact est renoué avec la tradition de médecine vétérinaire savante. Durant l'Antiquité gréco-romaine, une telle tradition s'était établie, surtout à propos des soins aux chevaux. Mais elle s'était éteinte. Pendant le haut Moyen Âge, les soins aux animaux, chevaux, ou plus généralement le bétail, avaient pris la forme de recettes, de recours à des saints guérisseurs ou protecteurs du bétail ou à des charmes.

Le traité intitulé *De la médecine des chevaux* (*De medicina equorum*) de Giordano Ruffo de Calabre, maréchal-ferrant à la cour de Frédéric, tranche donc avec cette tradition développée dans les premiers siècles du Moyen Âge. Comme la médecine humaine, la médecine hippiatrique s'appuie sur la théorie des humeurs et recourt aux simples pour composer des remèdes. Il en va ainsi de l'emplâtre que Giordano Ruffo préconise pour soigner le mal de reins dont pourrait souffrir un cheval.

Sa recette requiert l'usage de grande consoude, de bol d'Arménie, de galbanum, de gomme ammoniaque, de mastic, de sang-dragon, de sang de cheval (sec ou frais) et de poix. Pour fabriquer le remède, il convient de pulvériser et incorporer les ingrédients dans du blanc d'œuf et de lier avec de la farine de froment. Ensuite, le mélange doit être étendu sur un morceau de tissu que l'on applique sur la région lombaire de l'animal, après avoir coupé les poils... On le voit, par l'emploi des ingrédients nécessités par sa préparation, ce remède ne diffère guère de ceux destinés aux humains à la même époque.[91]

[90] P. Racine, *L'Occident chrétien au XIIIe siècle*. Italie-Empire, Paris, Sedes, 1994, p. 261.
[91] Yvonne Poulle-Drieux, « L'hippiatrie dans l'Occident latin du XIIIe au XVe siècle », dans *Médecine humaine et vétérinaire à la fin du Moyen Âge*, Genève-Paris, Droz, 1966, p. 109.

Auricula mulieris. dy. anagall'. multi.
multi uō corrim dixerūt. a'. adana alfara.
a'. ypia. a'. morgelina. a' morsus.
galline alij caput
pungitz.
Aurigalia.
siue ut latini.
reiectalis sap̄.
dy. ormino.
emolla siue.
a auic̄ tuteu.
Balaustia qui
dam ampulatia
uocant.
Balsamita alio noīe.
sisimberiuz uel ozimuz.
fluuiale ꝗ uendē ul' sicca
ros ul' xemen ul' bedamigi.
ul' bedurugigi ꝗ ē mēta aqua tica siue calami tuz fluuiale.

Balsamite

« Pour une douleur soudaine : prenez une poignée de marjolaine, et autant de balsamite, et autant de cerfeuil, quatre fois autant de vin et vous faites boire »[92].

À partir du XIIIe siècle apparaît en effet un nouveau genre de la littérature médicale, celui des régimes de santé. Il s'agit d'ensembles de conseils d'hygiène, d'alimentation, etc., adressés à des personnes bien portantes afin de les aider à conserver la santé. Une fois de plus, le genre n'est pas neuf. Des régimes de santé existent dès l'Antiquité, hippocratiques ou galéniques. Hippocrate pensait que la quantité et la qualité des humeurs fluctuaient au gré de l'écoulement des saisons et donc recommandait une variation du régime alimentaire, des saignées de manière à maintenir l'équilibre des humeurs et le corps en santé selon le moment de l'année. De ces préceptes découlera l'élaboration de calendriers diététiques, prescrivant que manger, boire, etc., selon le mois. De tels régimes se sont surtout multipliés durant le haut Moyen Âge.

Les régimes de santé : une littérature médicale de cour

Parmi ces nouveaux lieux, comme l'incursion dans le monde de Frédéric II permet de l'entrevoir, apparaissent les différentes cours. À partir du XIIIe siècle, le médecin, mais aussi le chirurgien entrent dans la proximité des princes. Ces praticiens deviennent leurs familiers, des hommes de confiance au sens plein du terme puisque c'est à eux que le prince confie désormais son corps. Cela concerne aussi bien l'Église, où les papes, les cardinaux, comme d'autres membres éminents du clergé, prennent l'habitude de se faire assister par un médecin personnel, que les princes laïcs. Le médecin qui apparaît comme le spécialiste du corps malade du roi, se fait aussi le gestionnaire de son corps en bonne santé.

---

[92] Médicinaire de Liège, herbier médicalisé. XIVe siècle, dans G. Xhayet, *Médecine*, p. 257.

Ci-contre : Haut droite : *aurigalia*. Bas gauche : fleur du grenadier. Bas droite : menthe aquatique.

Parallèlement, circulaient aussi des régimes inspirés de Galien. Ils se fondent sur les « choses non naturelles ». Cette notion définit les six facteurs extérieurs à l'homme qui influencent son équilibre humoral : l'air, l'exercice et le repos, le sommeil et la veille, les affections de l'âme (entendons les émotions), la réplétion et l'évacuation, enfin l'alimentation. De tels régimes énoncent ce qu'il convient de boire, de manger, de porter comme vêtements, les lieux propices à l'habitat, les activités à avoir (ou pas) et quand, etc. Ces traités tirent leur source d'ouvrages systématiques sur l'alimentation et les médications comme les *Diètes* d'Isaac, mais pas seulement. Ils s'inspirent aussi d'autres types de traités, non médicaux, comme *Le Secret des secrets*. Ce traité d'origine antique et prétendument rédigé par Aristote pour son élève Alexandre le Grand se veut un manuel d'instruction princière et comporte, outre des conseils d'hygiène individuelle et des conseils sur la gouvernance des peuples, du merveilleux, voire de l'occultisme.

Ce qui popularise vraiment le genre, c'est la traduction, effectuée dans la seconde moitié du XIIIe siècle, en Italie, peut-être à la cour de Charles Ier d'Anjou, roi de Sicile et comte de Provence, du régime arabe intitulé *Kitab Taqwim al-sihha*, translittéré et latinisé en *Tacuinum sanitatis*. Son auteur, Ibn Batlan, était un médecin chrétien actif à Bagdad, Alep et ailleurs au Moyen-Orient durant le XIe siècle. Cette sorte de traité qui répond à toutes les questions que l'on peut se poser en matière sanitaire trouve son premier public au sein des cours. Des médecins de différents souverains en rédigent pour leurs patients princiers, en latin ou, très vite, en langue vernaculaire. Le genre s'adapte rapidement aussi au type de destinataire qui est le sien. Un des premiers écrits en français est le *Régime du corps* d'Aldebrandin de Sienne, à l'adresse de la comtesse de Provence Béatrice de Savoie, daté par son auteur de 1256.

De l'importance d'habiter à l'est selon Aldebrandin de Sienne

« Vous devez savoir que les villes situées à l'est sont plus tempérées que ne le sont les autres, à moins qu'elles ne soient entre des montagnes, qu'elles soient ainsi abritées des vents d'ouest et du sud, car les vents qui soufflent vers la mer sont plus tempérés que les autres, et l'air y est bon parce que dans la journée, quand le soleil se lève, il fait se lever un vent doux, délié qui apure l'air. Et pour cela, les gens qui habitent dans ces régions doivent être plus sains, plus légers et plus sages. Les villes qui sont à l'occident et sont environnées de montagnes ne peuvent être aérées que par les vents d'occident. L'air y est épais, et pour cela, ceux qui y demeurent ne sont pas aussi sains que ceux qui habitent l'orient. »

Ci-contre : Gauche : arroche des jardins. Droite : noisette.

triplex qď dy. atrafax. uel an
afraxas crisolocana uel archa
sas. ul' ararus ul' tacha ap
llatur.

Auellana aly abusee.
aly coralis arabice Jeuz.
ul' agibeuz uocat' et
nocelle.

Parmi les régimes les plus célèbres apparaît le *Regimen sanitatis ad inclytum Aragonum regem*, (*Régime de santé pour l'illustre roi d'Aragon* [Jacques II]) rédigé par un médecin catalan, Arnaud de Villeneuve, au tout début du XIVe siècle.

De tels régimes envisagent également les simples, non plus pour leurs vertus curatives, comme le faisaient les herbiers ou les réceptaires, mais dans une optique de prévention des maladies, comme des instruments du maintien en bonne santé, que l'on absorbe en se nourrissant. Les simples décrits sont des plantes potagères, des céréales panifiables, des fruits ou encore des chairs.

Se détendre pour faciliter l'endormissement
selon Arnaud de Villeneuve

« La tranquillité du corps et de l'esprit est bonne puisque, durant la nuit, cessent les réflexions et les occupations diurnes [...]. Donc, pour qui se sera restauré avec modération, ayant pris son repas, il s'assiéra et se reposera tant l'esprit que le corps. Une fois assis, qu'il écoute non des choses déplaisantes (amères) ou subtiles mais des choses paisibles que l'intellect assimile facilement, comme sont les histoires des rois et des saints, ou de la musique mélodieuse. » [93]

Les échalotes

« Les échalotes sont des sortes d'oignons, car elles sont chaudes au troisième degré, mais elles ne sont pas aussi aqueuses. Par leur nature, elles confortent et tempèrent la malice des viandes venimeuses (avariées ?). Mais elles font mal aux yeux et donnent une mauvaise haleine. Ceux qui sont de chaude et sèche complexion ne doivent pas en user car les humeurs qu'elles engendrent sont chaudes et peuvent donner de la fièvre. Et qui veut en user les mangera avec des viandes grasses, pour amender leur malice. » [94]

93 Régime d'Arnaud de Villeneuve, dans M. Nicoud, *Les Régimes de santé*, t. I, pp. 171-172.
94 Aldebrandin de Sienne, *Le Régime du corps*, p. 163.

Ci-contre : Gauche : échalote. Milieu : scolopendre. Droite : asphodéline.

Scopitania qd· mlti astulla·
regia uocát·

ca lonia

·Scolopendria·lingua ceruina·ité·
é·q. grea splemó·uocát·a. ermion·
a. lonchitris·a. frigia ul' frigitis·a.
alucuben·a. feltototés a. tencrion a.
emagules a. herbá scriptá·a. herba·
panaria·

Bistorta.
Betonica. a' cen
stros a'. indicé. a' cosmisce a'.
sicotrofos. a' ua rica
a' pontoma. a'.
cirone a'. terio po
nó a' popomó. a'.
yeracha. a' seracia
tulan. a' smirnis
a' castiram.
Blacte bisantie
dv. nascaticon. a'. nabat
aly achsiratel.
Bleta siue beta alie
mine siela 7 galea 7 q
yca.
BRITISH MUSEUM

Les cerises

« Et vous devez savoir que la nature des cerises est la même que celle des prunes mûres, à cela près que les cerises amères sont moins froides que douces et confortent plus l'estomac. »[95]

Les bettes

« Les bettes sont froides et humides de nature et elles engendrent de bonnes humeurs et elles amollissent le ventre. Elles sont bonnes pour tous ceux qui sont de nature chaude et ont des humeurs chaudes, et ont l'estomac chaud et ont grand soif. »[96]

[95] Aldebrandin de Sienne, *op. cit.*, p. 152.
[96] Aldebrandin de Sienne, *op. cit.*, p. 164.

Ci-contre : Gauche : bétoine. Haut : bistorte. Milieu : blatte de Byzance (opercule de la coquille de certains mollusques). Bas : bette.

Des olives

« Elles sont de deux espèces : sauvages et domestiques. Les domestiques sont de trois sortes : vertes, rouges et mûres. Les vertes sont froides et sèches, et pour ce qu'elles ont peu de viscosité, elles renforcent le cerveau et resserrent les entrailles. [...] Les noires sont chaudes et sèches et fournissent un gros et mauvais aliment, mais elles sont très nourrissantes quand elles sont cuites dans l'estomac, elles donnent la nausée, ôtent l'appétit, mais quand on les mange au sel, le sel tempère leur malice. Les rouges tiennent des deux autres variétés par leur nature et en comparaison des noires qui resserrent le ventre et confortent.

Entendez que l'huile dont on fait les olives se diversifie selon les olives dont elle est faite. Car l'huile faite d'olives mûres est chaude et humide et sa nature amollit le ventre et elle se mue en bile rouge. L'huile faite d'olives qui sont entre vertes et mûres est meilleure ; elle conforte plus l'estomac, pour ce qu'elle est plus froide et plus sèche. Et pour cela, les philosophes disent d'elle qu'elle tient plus de l'huile de rosat. Les huiles faites à partir d'olives vertes ont la propriété des olives de renforcer et resserrer le ventre, ainsi que d'autres choses que nous avons dites. »[97]

[97] Aldebrandin de Sienne, *op. cit.*, p. 156.

Ci-contre : Gauche : olives. Haut : vin. Bas : opopanax.

.Omatinz dy. sucus ē uuarum.
albarum in
matitar
.Oliue.
.Oppoponax.

Millefolium. q. dr. mirifilos q supaliu: uenis dic. a
noia uentis apui. ambrosia. ciofilon crisites. mil
dos incentia diclela militaris. achilea. arci silua
merion. milefolio achilles.

. Mirabolam.

Les myrobolans

« Les myrobolans citrins sont froids et secs au second degré. C'est le fruit d'un arbre qui pousse en Inde. Tous les autres myrobolans sont de la même sorte mais ils diffèrent par la forme et par la vertu, comme les prunes sont toutes d'une même lignée. [...] Tous les myrobolans purgent la bile, mais les uns plus que les autres. Les citrins purgent surtout la bile et secondairement le phlegme. Le kèble (autre variété de myrobolans), surtout le phlegme et secondairement la bile. L'Inde principalement la mélancolie et ensuite la bile. L'emblique et le belliric, le phlegme et la bile. Et quand on les intègre à des remèdes composés, on doit peser l'écorce, et quand on les utilise en décoction, on doit peser aussi les noyaux, et ensuite on doit enlever les noyaux et mettre l'écorce. Pour les autres variétés comme l'Inde et l'emblique, on doit tout mettre ensemble car ils sont si petits qu'il est impossible de séparer le noyau de l'écorce.

Vous devez savoir en quelle quantité et comment vous devez les donner. Les myrobolans citrins doivent être pris à raison de deux onces et demie ; de cette manière vous en ferez de la poudre et la mettrez dans de l'eau chaude. Veillez à ce qu'elle ne soit pas trop bouillante ni trop chaude car les myrobolans perdraient de leur force et ainsi, ils perdraient leur force purgative. Nous les mélangeons bien à cette eau et la donnons au malade. Cette décoction peut certainement se donner pour la fièvre, et nous la donnons en même temps que le canéficier (Cassia fistula) et avec des tamarins pour purger le sang. Et quand on les donne avec les canéficiers et avec des tamarins, on doit d'abord laver les canéficiers et les tamarins et filtrer. On met la poudre de myrobolans dans cette eau filtrée et on la donne le matin [...] »[98].

---

[98] *Livre des simples médecines*, éd. Dorveaux, pp. 131-132.

Ci-contre : Gauche : achillée millefeuille. Droite : myrobolan.

L'asphalte

« L'asphalte est la même chose que le bitume judaïque. Il est chaud et sec au troisième degré. C'est une terre que l'on fait venir d'outremer, [plus exactement] de Judée. Sa couleur est noire et il est très lourd. D'autres disent que c'est l'écume d'un lac qui s'est durcie jusqu'à devenir comme de la craie. Et c'est dans ce lac que furent engloutis Sodome et Gomorrhe. Mais d'où qu'il provienne, il vaut beaucoup pour souder les plaies. La poudre d'asphalte se met par-dessus la plaie, et même si la plaie est longue et large, il la cicatrise. Il se garde longtemps. »[99]

Comme le *Tractatus de Herbis* qui nous sert de fil de conducteur, les régimes de santé restent longtemps prisés d'un public à la fois cultivé et fortuné. Ils pourront donner lieu à de somptueuses réalisations où chaque notice, au texte réduit, sert de prétexte à une riche enluminure.

Parallèlement on assiste à un second mouvement, distinct du premier. À côté de ces éditions de luxe (appelons-les ainsi), on observe une diversification et une popularisation des régimes, à des catégories sociales initialement non visées par eux : notamment la grande bourgeoisie dans les derniers siècles du Moyen Âge, avec des régimes qui s'adaptent à différents publics : enfants, vieillards. Dans les couvents seront aussi rédigés des régimes qui combineront les exigences sanitaires avec celles de l'état monastique tel ce *Traité du régime de santé des hommes voués à la spiritualité et à la dévotion, pour qu'ils puissent servir Dieu dans la santé de l'esprit et du corps* rédigé par un Chartreux en Thuringe au XVe siècle. Celui-ci recommande d'« user avec justesse de la santé et, pour ce faire, user avec modération des nourritures et des boissons et des choses non naturelles. Alors, il peut se préserver de beaucoup de maladies et parvenir par cette vie à la vraie santé [la vie éternelle] dans laquelle n'entre aucune maladie. »[100]

[99] *Livre des simples médecines*, éd. Dorveaux, p. 21.
[100] *Das Erfurter Kartäuserregimen « Tractatus de regimine sanitatis virorum spiritualium ac devotorum ut deo in sanitate mentis et corporis servire valeant »*. Cité dans G. Xhayet, « Le corps dans la médecine des moines au Moyen Âge. Autour de quelques régimes de santé monastiques », *dans Corps et encyclopédies. Actes du colloque de Cerisy*, 10-14 septembre 2008 (Denis Hüe, Bernard Baillaud et Jérôme de Gramont, dir.), Rennes, 2013, p. 272.

Ci-contre : Haut : âne sauvage. Bas : asphalte. Droite : millepertuis perforé.

Asinus siluester qui onagrū.
latine dr̄ arabice uō omara-
ules.

. Aspaltum .i. butumen iudaicum alij.
dicit qd̄ ē de spuma caruso .i. lacus.
cum creta indurata.

. Asquiron. siue androsemon.

Senetion siue sen
tiones idē ē q̄d nas
um aquaticū q̄d latini
cresciones dicit. alii. pipila oculi d

Senec. alio nōie
meicaara. aut amon
aut sulben dr.

L'université, un nouveau lieu pour la médecine

Une université (*universitas*), au Moyen Âge, c'est une communauté d'individus partageant des intérêts communs, en l'occurrence des maîtres et des apprenants. De telles structures se développent en Europe occidentale à partir des XIIe et XIIIe siècles, et prennent le relais des écoles cathédrales ou abbatiales. Il n'importe pas ici de décrire dans le détail l'enseignement universitaire médiéval. Simplement, on se souviendra que la médecine y prend place aux côtés d'autres disciplines intellectuelles telles que le droit ou la théologie, et que l'on accède à ces études après un passage obligé par la faculté des arts où, selon un canevas d'études défini durant la basse Antiquité, sont appris l'art de construire un discours et une argumentation – grammaire, logique et rhétorique (*trivium*) – et de se situer dans l'Univers et par rapport à lui, sur le plan théorique et pratique – arithmétique, géométrie, astronomie, musique (*quadrivium*).

Pour ce qui concerne la médecine, trois facultés surtout comptent aux XIIIe-XIVe siècles : Bologne, Montpellier et Paris. À partir de la deuxième moitié du XIVe siècle, d'autres universités apparaissent en Europe, avec notamment Padoue qui s'imposera aussi sur le plan des études médicales.

Quant à la florissante école de Salerne, elle a transmis le témoin pour ainsi dire, avant de s'éteindre. Parmi les causes de son déclin, on citera la montée en puissance d'autres universités soutenues par des autorités publiques elles-mêmes dans une phase d'expansion : Montpellier soutenue par le royaume de Majorque, Paris appuyée par la royauté française, ou Naples, instituée par l'empereur Frédéric II. Les maîtres salernitains ont en effet ouvert la voie à une médecine enseignée dans les universités en intégrant leur discipline – encore parfois vue comme un « art mécanique », orienté vers l'utilité et réduit

Le séneçon pour soigner les plaies

« §1 : Pour les plaies, mêmes très anciennes. L'herbe séneçon broyée et mélangée avec de la vieille graisse posée dans la plaie, soigne les blessures. §2 : Si quelqu'un a été frappé [par une arme] de fer, [qu'il prenne] du séneçon cueilli à la sixième heure du matin et qu'il le broie et le mélange avec de la vieille graisse et qu'il l'étende dans la plaie, cela ouvrira la plaie et la purgera. De même, si tu le cueilles de la même manière, après-midi, que tu le broies et le mélanges à de la graisse, posé dans la plaie, il la ferme et l'assainit. »[101]

[101] Pseudo-Apulée, éd. Howald et Sigerist, n° 76, pp. 137-138.

Ci-contre : Gauche : séné. Droite : cresson.

à une pratique – dans les savoirs « libéraux », fondés sur la raison. Désormais la médecine fera partie du corpus des sciences naturelles (*physis*) et le médecin sera appelé physicien (*physicus*). Les maîtres de Salerne joueront aussi un rôle pionnier dans l'enseignement de la médecine universitaire en définissant aussi les méthodes d'enseignement qui seront en vigueur dans les facultés de médecine. Celles-ci se fonderont sur la lecture et le commentaire de textes d'auteurs considérés comme des autorités porteuses de la vérité, et sur le développement d'une argumentation autour de questions de médecine pratique ou théorique. Telles seront les « disputes » universitaires, sans doute davantage aptes à dessiner le profil de redoutables jouteurs que celui de praticiens sagaces. C'est d'ailleurs à ce savoir médical-là verbeux et déconnecté de la réalité, que des siècles plus tard, Molière s'attaquera dans son théâtre afin de le caricaturer et d'en dénoncer les outrances.

Tel que nous le révèlent des programmes de cours conservés dans les statuts de certaines facultés médiévales, le contenu de l'enseignement est fourni par la littérature médicale gréco-arabe traduite de l'arabe en latin, pour des études qui durent trois ou quatre ans. Outre celui de Hunayn ibn Ishaq (Johannitius pour les Latins), dont l'*Isagôgê* (Introduction) traduite par Constantin l'Africain sera le manuel de base jusqu'à la fin du Moyen Âge pour les apprentis médecins, quelques noms se détachent, comme ceux de maîtres à penser : Hippocrate, Avicenne, Isaac et surtout Galien. Au moment où les universités se développent, le mouvement de recherche de textes que nous avons suivi à ses débuts se poursuit toujours. La recherche de l'œuvre authentique de Galien reste en effet au cœur des préoccupations. La quête de manuscrits du médecin de Pergame se poursuit jusqu'aux alentours de 1350, quand le corpus galénique est reconstitué. Entre-temps, les traducteurs ont aussi ramené au jour le corpus zoologique d'Aristote, qui ne concorde pas toujours avec les affirmations de Galien. Entre 1270 et 1320, il en résultera une controverse au sein des milieux universitaires parisiens entre tenants du galénisme et partisans de l'aristotélisme. Nous ne nous attarderons pas sur cette crise, pas plus que sur d'autres qui émaillèrent l'enseignement médical durant cette période, sinon pour souligner qu'elle éclaire quelque peu les limites d'un savoir exclusivement livresque.

Ce monde universitaire envisagé ici globalement a produit quelques personnalités de premier plan, dont on égrènera ici quelques noms : Arnaud de Villeneuve (mort en 1311), né en Catalogne et actif au tournant des XIIIe et XIVe siècles, diplômé puis enseignant à Montpellier, médecin attitré des rois d'Aragon et de trois papes, Boniface VIII, Benoît XI et Clément V ; son collègue à Montpellier et contemporain, Bernard de Gordon, auteur d'un *Lys de la médecine* (*Lilium medicine*) qui se veut un manuel de pratique médicale, « une

Ci-contre : Chêne.

Quercus. qd.
dr. disterot dix.
ul' drius.

récapitulation des choses communes et faciles et profitables sur la pratique pour l'avantage des humbles ». Son succès fut large et durable, puisque l'université de Vienne recommandait encore l'ouvrage à ses étudiants en 1520[103].

Du côté des chirurgiens, on citera Henri de Mondeville, originaire de Normandie, auteur d'un traité de chirurgie. Henri de Mondeville a enseigné l'anatomie à Montpellier. On sait, d'après son témoignage, que cet enseignement s'appuyait sur des planches illustrées ainsi que sur des modèles en trois dimensions. Il recommandait, par exemple, pour l'anatomie de la tête, de disposer d'un crâne ou, à défaut, d'« un crâne artificiel qu'on puisse ouvrir, dentelé aux commissures, divisé en quatre parties, afin que, lorsqu'il aura démontré l'anatomie externe, [le démonstrateur] puisse l'ouvrir pour que l'on voie par les sens l'anatomie des membranes et du cerveau »[104]. Mondeville exerça aussi comme médecin et chirurgien du roi Philippe le Bel et signe un traité de chirurgie. À la génération suivante de maîtres montpelliérains, nous signalerons Guy de Chauliac (1300-1368), auteur d'une grande chirurgie (*Chirurgia magna*), elle-même inspirée de l'œuvre d'Albucasis. Traduite, abrégée, simplifiée, elle deviendra la bible des apprentis chirurgiens, leur enseignant surtout comment traiter les blessures, très nombreuses dans un milieu marqué par la violence et la guerre.

La cure pour les épileptiques en crise : dans le *Lilium medicine*, force des mots, violence des odeurs ou des saveurs pour ramener à lui un épileptique

« Au plus fort de la crise que quelqu'un pose les lèvres sur l'oreille du patient, et lui murmure ces vers, aussitôt, il se relèvera sans aucun doute : "Gaspar porte la myrrhe, Melchior, l'encens, Balthasar, l'or. Celui qui portera avec lui les noms de ces rois sera délivré du mal caduc, par la piété du Christ." Autres remèdes possibles pour l'épilepsie : l'un d'eux est le fruit du chêne, s'il est porté au cou ou d'autre manière. Les pivoines romaines ont le même effet, ou la rue, et quasi continuellement l'odeur de la rue sauvage, si elle est mélangée à de la farine d'orge et du vinaigre, et que l'on la fait respirer fréquemment et quasi continuellement. Des courroies de peau de loup portées sur la peau ou que l'on pose sur la tête. Du sang de belette mélangé à de l'urine et la chair de belette donnée à manger. De même, on peut donner à manger du pyrèthre trempé dans du miel, ou le porter au cou. »[102]

[102] Éditions du Passage par Guillaume Canovas, « Le *Tractatus medicus* de Jean de Tournemire : une œuvre originale ? », dans D. Le Blévec, *L'université de Montpellier*, op. cit., p. 98.

[103] Ce développement sur Bernard de Gordon est emprunté à Luke Demaitre, Bernard de Gordon et son influence sur la pensée médicale aux XIVe et XVe siècles, dans D. Le Blévec, *L'université de médecine de Montpellier et son rayonnement*, pp. 104-131 (surtout p. 105).

[104] Cité par Geneviève Dumas, *Santé et société à Montpellier à la fin du Moyen Âge*, p. 96.

Ci-contre : Gauche : glands. Milieu : nielle des blés. Haut : lavande. Bas : chiendent.

sit. q'dy. guter. dix a'.
chimonites. a'. algrimi
ulu3.
.Solgema siue
lauendula.
Gramen. dr. agrostis.
sap. negem i kel. a'. egigō
a'. iuncolam. egipti amaxi
ti dicit. daty. partia puni
a ybal ytali grame
.aly assefolium.
.Glandes.

Comme ces lignes invitent par ailleurs à le penser, les derniers siècles du Moyen Âge sont marqués par des nouveautés dans l'enseignement et la pratique de la médecine. Celles-ci concernent particulièrement l'enseignement de l'anatomie, concrétisé par des dissections. Parmi les facteurs qui ont pu jouer dans ce regain d'intérêt figure sans doute les progrès de la chirurgie, de même que de meilleures connaissances anatomiques liées à la réception du galénisme, Mais il ne faut pas se leurrer sur les limites de la pratique et des enseignements qu'il devenait possible d'en tirer. Le but était de confirmer sur pièce les affirmations des livres et lorsqu'une divergence se manifestait entre ce qu'affirmait le livre et ce que montrait le corps, c'était le livre qui était cru.

Le pavot/somnifère

« Pour endormir, que l'on fasse un emplâtre de la semence [du pavot] mélangée à du lait de femme et du blanc d'œuf et qu'on le pose autour des tempes. »[105]

Villes et médicalisation de la société urbaine

Une autre innovation qui se manifeste est un regain d'intérêt pour la pratique médicale. Ce regain paraît étroitement lié à une relative « médicalisation » des villes et des populations qu'elles abritent. C'est la dernière étape de notre parcours, qu'il convient désormais d'aborder. Le sujet est vaste, et on ne pourra ici qu'en esquisser certains traits. Son ampleur, sa précocité, ses caractères majeurs sont aussi très variables, selon les lieux. La qualité des sources peut aussi le rendre plus ou moins perceptible.

Les derniers siècles du Moyen Âge occidental sont marqués par l'essor des villes et l'augmentation des populations urbaines. Ce phénomène a des répercussions dans divers domaines, dont celui de la prise en charge sanitaire des populations. Évidem-

[105] *Circa instans*, éd. H. Wölfel, p. 92.

ment, cette évolution est loin d'être uniforme. Selon les lieux, les époques et les circonstances, elle revêt divers aspects dont quelques traits seulement pourront être abordés ici.

Le développement des hôpitaux

Un premier aspect concerne l'émergence des hôpitaux. Non que de telles institutions aient été totalement inexistantes auparavant, la fin du Moyen Âge est un temps où apparaissent dans les villes des institutions qui se vouent à l'hébergement et parfois à la prise en charge médicale des pauvres et des infirmes. Ces établissements peuvent dépendre de communautés religieuses aussi bien que de laïcs, voire de municipalités qui décident de les fonder ou de les entretenir. Un exemple parmi d'autres est constitué par l'hôpital Notre-Dame à la Rose, fondé à Lessines, une ville du Hainaut belge, par Alix de Rosoit, issue de la noblesse du lieu. Tous ces hôpitaux n'ont cependant pas la même vocation. Certains, par exemple, se spécialisent dans l'accueil des enfants trouvés et abandonnés. C'est le cas de l'*Ospedale degli Innocenti* à Florence, dont les médaillons émaillés d'enfants au maillot, visibles sur sa façade, avaient pour but d'éveiller la compassion des passants et de susciter leur générosité.

D'autres hôpitaux médiévaux avaient une vocation médicale plus nettement affirmée. C'est notamment ce que montre l'historienne canadienne Geneviève Dumas à propos de l'équipement hospitalier de la ville de Montpellier aux XIVe et XVe siècles. Les pauvres pouvaient y être accueillis et bénéficier de soins médicaux dispensés, certes, par des chirurgiens plutôt que par des médecins, davantage exigeants en termes de rémunérations. Parmi ces établissements, enfin, certains étaient spécialisés. On pense en particulier aux léproseries. Le mode d'accès à ces établissements repose sur un examen clinique codifié et mené par des médecins, souvent mandés expressément par les villes pour ce faire.

Les signes de la lèpre chez Guy de Chauliac (*Inventarium sive Chirurgia magna*)

« Il considérera son visage, si les sourcils sont pelés, s'ils sont enflés et tubéreux, si les yeux sont ronds. Le nez, s'il est tordu, gros, ulcéré à l'intérieur, si les oreilles sont rondes et écourtées, la voix, si elle est rauque et vient du nez ; les lèvres et la langue, si elles sont sanguinolentes et ulcérées et s'il y a du grain, si l'haleine est difficile et fétide et si les traits sont difformes et horribles. Et il faut bien considérer ces choses parce qu'elles sont les signes faciaux très sûrs. »[106]

---

[106] Luke Demaitre, « Bernard de Gordon et son influence sur la pensée médicale aux XIVe et XVe siècles », *L'université de médecine de Montpellier et son rayonnement*, *op. cit.*, D. Le Blévec (dir.), p. 114.

Ci-dessus : Médaillon de l'*Ospedale degli Innocenti*.

Quant à la vie au sein des léproseries, un détour par celle de Cornillon, à Liège, permet de s'en faire une idée. Sur une population liégeoise estimée à quelques milliers d'habitants au XVe siècle, Cornillon abrite une quinzaine de lépreux, hommes et femmes. La léproserie compte aussi parmi ses habitants des personnes saines, également des deux sexes, qui, peut-on penser, assistent les malades. Les lépreux reçoivent une allocation de la ville et sont, à partir de 1529, soumis à un examen médical annuel, destiné à vérifier qu'ils sont toujours porteurs de « macule ou tache de ladre », et doivent continuer à être secourus. La vie sur place se calque sur celle d'un couvent, avec les mêmes contraintes que celles qui sont imposées aux religieux.

La naissance d'une politique de santé publique

L'exemple du diagnostic de la lèpre met en évidence un deuxième trait de la ville, comme lieu de la médecine au bas Moyen Âge, celui d'une mise sur pied, ne serait-ce que de manière embryonnaire, d'une politique de santé publique. Ces observations sont plus vraies dans certaines régions que dans d'autres. Elles valent particulièrement pour des zones riches, comme les opulentes villes drapières d'Italie ou de Flandre, où sont instaurés des médecins de ville, salariés par les autorités publiques afin d'assurer la prise en charge sanitaire des nécessiteux. La charité chrétienne est à la base de telles initiatives, mais elle ne suffit pas comme explication. La promiscuité induite par la vie urbaine joue aussi son rôle. Les épidémies qui surviennent épisodiquement représentent une menace pour des populations prises au piège d'un milieu confiné. Elles réclament une intervention médicale énergique, pour être endiguées.

Avec ses résurgences au cours des décennies suivantes, la peste bubonique, qui ravage le continent européen à partir de 1348, constitue l'exemple le plus emblématique d'un tel fléau. Comme cela a encore été récemment rappelé à propos de Montpellier, la maladie mit les médecins du temps au défi, de deux manières pourrait-on dire. Si d'aucuns cherchèrent à se soustraire à leurs devoirs, en prenant la fuite, d'autres, et il semble ici s'agir de la majorité, au contraire affrontèrent l'épidémie et, au péril de leur vie, s'efforcèrent de secourir au mieux les pestiférés.
« Il y eut jadis une pestilence à Montpellier et je n'ai, raconte l'un de ces praticiens, pu éviter la communauté parce que j'allais de maison en maison pour soigner les malades à cause de la pauvreté, j'ai porté un pain, un linge ou une éponge humectée de vinaigre dans ma main et je l'ai tenu proche de ma bouche et de mes narines et ainsi, j'ai survécu à une telle pestilence. »[107]

[107] Cité dans G. Dumas, *Santé et société à Montpellier*, pp. 314-315.

D'un point de vue des connaissances, la peste posa un problème pour lequel le galénisme, la doctrine médicale la plus communément admise, n'avait pas de réponse vraiment satisfaisante. Il fallut sortir du cadre et improviser.

Pour ceux qui le pouvaient, comme en témoigne *Le Décameron* du poète florentin Boccace, l'isolement loin de la foule fut une solution. Mais une telle mise en quarantaine était hors de portée de la plupart des gens, faute de loisirs et de moyens matériels. Pour ceux-là, les médecins cherchèrent d'autres solutions. On en trouve trace dans une nouvelle littérature médicale, désignée comme des *Pestschriften*, ou selon une terminologie française des « écrits sur la peste ».

Se protéger de la peste

« Le meilleur remède est de changer d'air et d'aller là où l'air n'est pas corrompu et où il tend vers une température froide et sèche. Et si cet air ne peut être trouvé, qu'on le trouve artificiellement en humectant sa couche de vinaigre ou d'eau de rose et par un écoulement constant d'eau [...]. »

« La maison doit être aspergée spécialement en été avec du vinaigre et des roses et des feuilles de vigne. Certes, il est bon de se laver les mains plusieurs fois par jour avec de l'eau et du vinaigre et après de s'en essuyer le visage en humant. Aussi, je crois qu'en été et en hiver, il est bon de respirer des choses vinaigrées s'il y a mortalité, parce que nous craignons le réchauffement du cœur, et pour cela, je ne recommande pas la pomme d'ambre parce qu'elle peut conduire l'air corrompu droit au cœur. »[108]

[108] Remèdes de médecins montpelliérains cités par G. Dumas, *op. cit.*, p. 322.

Page suivante : Haut gauche : vigne. Haut droite : renard. Milieu : bois d'aloès « que l'on trouve dans le grand fleuve de haute Babylonie dans lequel se jette un fleuve du Paradis. Au moyen de filets, les habitants récupèrent le bois tombé dans le fleuve, sous l'effet du vent ou de la vieillesse » (*Circa instans*, p. 4). Bas : vautour.

Vua uiridis.
Vulpes.
Xilobalsamum.
Xisnen. herba e
fax. alchali
. Xiloaloes alio noie hacd.
et agalongu. qd reperit i magno flumie.
supiori cui iungit fluis paradixi.
. Vultur q.
ai vi loc
mesir.

Conclusion

Conclusion

Ainsi, peu à peu s'achève un périple qui, avec le manuscrit du *Tractatus de Herbis*, Sloane 4016, pour guide, nous a entraînés de monastère en hôpital, à travers l'Europe occidentale au long d'un millénaire, ou peu s'en faut, sur la piste des remèdes médiévaux et des simples à leur origine.

Néanmoins cet herbier n'est lui-même qu'un jalon dans une histoire qui se poursuit au-delà. À la Renaissance, apparaissent de nouveaux herbiers, avec une référence plus sensible à l'Antiquité. C'est le cas de l'*Historia stirpium* (Histoire des plantes) parue en 1542, qui est l'œuvre d'un botaniste originaire de Bavière, Léonard Fuchs. Dans les Pays-Bas, Fuchs trouve en Rembert Dodoens, un médecin malinois, un émule qui s'inspire de son herbier pour publier en flamand son propre recueil, *Cruydeboeck*, sorti de presse en 1554. Dodoens y décrit un millier de végétaux, dont des plantes étrangères et d'autres locales. Trois ans plus tard, l'ouvrage est traduit en français sous le titre d'*Histoire des plantes*, par Charles de l'Escluse, un médecin originaire d'Arras et réfugié en Flandre. À cette époque, les voyages d'exploration aux Amériques élargissent aussi l'éventail des plantes connues et disponibles pour les médications : le quinquina comme fébrifuge, par exemple, ou le bois de gaïac, recommandé par des médecins de préférence au mercure, pour traiter la syphilis, cette maladie inconnue des praticiens médiévaux et qui à son tour ravagera les populations du vieux continent.

Sur le plan médical aussi, le manuscrit Sloane fixe un état de la connaissance. La peste avait dramatiquement défié les médecins et fait vaciller leurs certitudes quant à la pertinence de leur savoir. À la fin du Moyen Âge et à la Renaissance, le recours à l'astrologie et à la divination concurrence la médecine galénique. Dans un système géocentrique, faisant de la Terre un astre immobile au centre d'un Univers en mouvement autour d'elle, l'astrologie affirmait que de la conjonction des planètes à un moment donné dans le ciel dépendait le sort d'un individu, y compris sur le plan sanitaire. Cette conviction n'était pas neuve, mais à la fin du Moyen Âge et à la Renaissance, elle devint l'objet d'un intérêt renouvelé de la médecine galénique. Ce n'était pas la seule remise en cause. À ce moment aussi, un médecin d'origine suisse, Philippe Théophraste Bombast von Hohenheim dit Paracelse (1493-1541) faisait voler en éclat le système de Galien et instituait une médecine « chimique » qui fondera sa pharmacopée sur l'emploi des métaux. Mais la médecine galénique traditionnelle, dont le *Tractatus de Herbis* porte témoignage, n'avait pourtant pas dit son dernier mot. Au XVe siècle et bien plus tard encore, on a continué à se fier aux remèdes à base de simples, tandis que la complexion des humeurs restait admise comme système explicatif. Pour des siècles encore, ceux-ci resteraient la base d'une pharmacopée que l'on qualifiera bientôt de « populaire », et que l'on continuera de consigner dans des recueils de recettes.

Au début du XVIIIe siècle, Dom Nicolas Alexandre publie à Paris une *Médecine et chirurgie des pauvres*. Les plantes qu'il recommande pour sa pharmacopée sont celles que l'on utilisait mille ans avant lui : l'armoise, la sauge, la verveine, le plantain. S'y ajoutent toutefois des produits exotiques, dont le quinquina, ou l'ipecacuanha intégré dans la composition de diurétiques, émétiques et emménagogues. On connaît en réalité beaucoup de recueils semblables. Ils sont souvent l'œuvre de prêtres ou de dames de la noblesse et ressortissent à la médecine dite de bienfaisance et aux remèdes de « bonne fame » (devenu de « bonne femme »). Avec les moyens du bord, ils secourent un public trop pauvre pour disposer des soins d'un médecin, en attendant qu'une véritable médecine sociale prenne le relais et associe, dans la prise en charge des démunis, la science et l'action caritative.

Page 166 : Planche extraite de l'*Histoire des plantes* de Léonard Fuchs.
Page 168 : Gauche : verveine. Droite : pêcher.
Page 169 : Gauche : ambrosie. Droite : amandes.
Page 170 : Gauche : gui. Droite : bryone dioïque.

ristercon mlti.
it esse berben.13.
ueri est s du

Ambroxiana herba ē quā
multi eupatoriū uocant.
sed non est.

Agrimdale dul
ces alio nomīe
lanç.

.Viscus .sap. qd.
dabath ul' diabac .dic.
dialac ul' ad dabich .
.Viticella.

Annexes

Pour en savoir plus...

La littérature relative à ce sujet est vaste, tant en ce qui concerne les publications de traités anciens que les travaux.

Nous nous bornerons ici à donner une simple orientation bibliographique, limitée à des travaux récents sur différentes facettes du sujet, tout en sachant que toutes ne jouissent pas d'un éclairage égal.

- J.-N. Biraben, *Les hommes et la peste en France et dans les pays européens et méditerranéens*, t. 1, *La peste dans l'histoire*, Paris-La Haye, 1975 (École des hautes études en sciences sociales, Centre de recherches historiques, Civilisations et sociétés, 35).

- G. Dumas, *Santé et société à Montpellier à la fin du Moyen Âge*, Leiden-Boston, Brill, 2014.

- M. D. Grmek (Dir.), *Histoire de la pensée médicale en Occident*, t. 1, *Antiquité et Moyen Âge*, Paris, Seuil, 1995.

- D. Jacquart, C. Thomasset, *Sexualité et savoir médical au Moyen Âge*, Paris, PUF, 1985.

- D. Jacquart, A. Paravicini Bagliani (dir.), *La Scuola Medica Salernitana. Gli Autori e i Testi*, Firenze, Sismel, 2007.

- D. Jacquart, *La médecine médiévale dans le cadre parisien*, XIVe-XVe siècles, Paris, Fayard, 1998.

- D. Jacquart, F. Micheau, *La médecine arabe et l'Occident médiéval*, Paris, 1990.

- D. Le Blévec (dir.), *L'université de Montpellier et son rayonnement (XIIIe-XVe siècles) : Actes du colloque international Université Paul-Valéry de Montpellier III*, mai 2001, Turnhout, Brepols, 2004.

◆ L. Moulinier-Brogi, *L'uroscopie au Moyen Âge. « Lire dans un verre la nature de l'homme »*, Paris, Champion, 2012.

◆ M. Nicoud, *Les régimes de santé au Moyen Âge : Naissance et diffusion d'une écriture médicale en Italie et en France (XIIIe-XVe siècles)*, 2 volumes, Rome-Paris, École française de Rome, 2007.

◆ C. Opsomer, *L'art de vivre en santé. Images et recettes du Moyen Âge. Le tacuinum sanitatis (Ms. 1041) de la bibliothèque de l'université de Liège*, Alleur, éd. du Perron, 1991.

◆ C. Opsomer, *Le livre des simples médecines. Contribution à l'histoire de la botanique au XVe siècle*, 2 vols., Université catholique de Louvain, thèse inédite, 1977.

◆ N. Palmieri (dir.), *Rationnel et irrationnel dans la médecine ancienne et médiévale. Aspects historiques, scientifiques et culturels*, Publications de l'Université de Saint-Étienne.

◆ N. G. Siraisi, *Medieval & Early Renaissance Medicine. An Introduction to Knowledge and Practice*, Chicago-London, The University of Chicago Press, 1990.

◆ G. Xhayet, *Médecine et arts divinatoires dans le monde bénédictin médiéval à travers les réceptaires de Saint-Jacques de Liège*, Paris, Classiques Garnier, 2010.

◆ En 2012, Alain Touwaide a publié chez M. Moleiro (Barcelone-Espagne) une luxueuse édition (limitée à 987 exemplaires numérotés) du *Tractatus de Herbis*, en deux volumes (un volume en fac-similé et un volume de commentaires), sous le titre *Tratado de plantas medicinales. Tractatus de Herbis. Sloane Ms. 4016*.

Index

Crédits photographiques

Toutes les photos proviennent du manuscrit Sloane Ms. 4016 : British Library, London, UK / Bridgeman Images, sauf :

Bibliothèque numérique mondiale : pp. 9, 10, 23, 24, 69, 70, 101, 102, 122, 133, 137, 138, 144, 147 h, 148, 151, 155, 156, 162, 165, 166, 171, 172 ; Wikimedia Commons : pp. 30, 72, 95, 105, 108 (Wellcome Images), 130, 166 ; Bibliothèque municipale de Toulouse : p. 34. Bridgeman Images : p. 161.

Direction : Guillaume Pô
Direction éditoriale : Élisabeth Pegeon
Édition : Frédérique Chavance
Direction artistique : Caroline Soulères et Mathieu Tougne
Mise en pages : Caroline Soulères
Direction de fabrication : Thierry Dubus
Fabrication : Marie Guibert

Photogravure : SNO

1re édition - N° d'édition : R17097
ISBN : 978-2-8153-0998-1
Code MDS : 46403

Achevé d'imprimer en juillet 2017 par Toppan Leefung (Chine).